経済学で紐解く 日本の歴史 上巻

大矢野 栄次 [著]
Ohyano Eiji

同文舘出版

はじめに

《借金大国日本》

今日の日本経済の現状について考える。国内的に大量な国債（累積債務）を抱える日本政府は世界有数の借金大国となったといわれている。しかし、日露戦争以後の日本政府と異なってこの借金（累積債務）は、海外からの借り入れた負債の累積残高としての対外債務ではないのである。逆に日本は中国とともに、米国政府の国債を大量にもっている債権国であり、民間の対外債権をも考慮するならば、日本は世界一の債権国なのである。それ故に、日本は借金大国ではないのである。

しかし、国内的には、日本政府には巨大な累積債務が存在している。これだけ国内に債務が累積した理由は、無駄な公共事業や意味のないバブル崩壊以後の金融機関対策のための税金の無駄使いだけではないのである。残りの債務のほとんどは、円高ドル安の趨勢を止めるために外国為替市場に介入して大量のドル為替を購入し続けた通貨当局（旧大蔵省と日本銀行）に責任がある。ドル為替を購入するための円資金を不胎化政策という名目のために短期国債発行によって賄い、より高いドル為替相場で介入しても、結局は、円高ドル安傾向は止まらず、結果として購入した債券の価格がより安いドル為替相場のもとでももち続けることになったのである。このようにして得た米国債の満期時点で円建て評価が低くなった米国債をもち続けるという事態が30年以上続い

i

ているのである。このような無駄な円高ドル安阻止政策が30年以上にわたって続けられ、それを買い続け、もち続けるために国内の円建て債務は利子とともに膨張してきたのが、今日の日本政府の累積債務である。すなわち、円高防止のために購入し続けたドル債の円建て評価額が減少を続けた結果、日本政府は大量の円建ての国内負債残高が増加し続けたのである。これが今日の日本政府の巨大な負債残高の大半なのである。

これらの現在の日本の経済が抱える問題を解決するためのヒントを、日本の歴史に求めて考察するのが本書の目的である。

《お金に振り回された人々の歴史》

日本の歴史のなかで貨幣が登場するのは、飛鳥時代の無紋銀銭や富本銭からであり、奈良時代の和同開珎である。この貨幣発行の目的は、おそらく、白村江の戦いの戦費調達であり、新都（藤原宮、平城京）造営のための資金獲得であったであろう。しかし、結果として、貨幣の発行は、同時に米価上昇の原因であった。

本書の第2章においては、貨幣を保有するためと説明される「蓄銭叙位令」の意味を考え、皇朝十二銭の意味を考えることによって、日本の経済史と貨幣との関係を考える。その後、この価値が不安定な皇朝十二銭にとって代わって日本国内の経済的取引において流通したのが、中国からの輸入銭であり、これを御院領神崎荘園領の代官としてうまく使いこなして大陸との交易によって利益を得たのが、平忠盛、平清盛親子であった。そして、この時代から日本経済において、

第3章においては、マルコ・ポーロの『東方見聞録』をヒントに元寇の意味を考える。万里の長城を超えて中原に侵入した元は日本だけではなく、朝鮮半島やベトナムにも領土拡大の野心を示していた。日本に対しては、南宋を滅ぼすために南宋を援ける博多の唐人たちの町（唐人街）を焼き払い、その経済力を殲滅する「文永の役」の成功と日本国内の少弐氏内の対立と松浦党内の対立に便乗して肥前に上陸した元軍・江南軍の上陸作戦である「弘安の役」との差異について考える。弘安の役とは、領土を拡張し支配を強化するために、敗軍の南宋軍の人々を屯田兵として九州に派遣したフビライ＝ハンの戦略の意図であったのである。戦争目的を達したという意味では、2つの元寇はフビライの勝利であったのである。そして、同時に、日本全土を支配しようとする北条氏の九州に対する野心が実ったという意味で北条氏もこの元寇の勝利者であったのである。

　第5章と第6章においては、日本経済を農業経済の発展の歴史として、農業と商工業からなる簡単な2部門モデルを説明して、弥生時代からの権力の発生のメカニズムから江戸時代の士農工商の経済的意味を米の売買と商工業の発展の関係として説明する。

　第7章においては、旱魃や飢饉、水害などの自然災害と農民の生活を題材として、江戸時代の農民の生活の経済的意味と小作人の発生のメカニズムについて考える。

　第8章においては、簡単な国際貿易モデルを説明して、「リカードの比較生産費説」の意味と問題点を説明し、長崎出島貿易の意味と鄭成功（国姓爺）の位置づけについて説明する。江戸時代の国際貿易と貨幣の問題が登場するのである。

代の始まりは、平戸におけるスペインやオランダとの貿易であり、やがて、鎖国令のもとで続けられた長崎出島におけるオランダ貿易と鄭成功等による日明貿易であった。鄭成功没後は、長崎において日清貿易が行われるのである。

また、第8章では、幕末の「開港インフレーション」についても説明する。幕末のペリーの来航後に始まる横浜での貿易が、幕末の日本経済にインフレーションという大きな波紋を投げかけるのである。このインフレーションの原因は、日本とヨーロッパ諸国との間で、金と銀の交換比率の格差から発生した問題を解決するために改鋳された小判の価値暴落が原因であったと説明されることが多い。しかし、実際には、換金作物としての生糸等が輸出財として高く売れるために田畑でつくるべき農産物の生産量を減らし、国内財の供給量の減少が生じて、これを反映して国内に所在する農産物の価格が上昇し、輸出財の価格上昇と相まって物価が上昇したのである。このような物価上昇を後押ししたのが小判の改鋳による貨幣供給量の増大であった。

日本が辛うじて勝利した日露戦争によって賠償金を得ることができずに、戦時国債の返済とその借り換えのために対外債務返済に苦しんでいる時代に、井上準之助は金解禁を決断した。金本位制のもとで円の価値を高く維持しながら、より強い日本経済を構築し、海外の債務を速やかに返済するために、俗説と戦って銃弾に倒れた濱口雄幸総理大臣と井上準之助大蔵大臣の悲劇を、第10章「金本位制と世界恐慌」と第11章「昭和恐慌と井上準之助」と題して説明する。

《お金に振り回されなかった人々》

しかし、日本の歴史のなかにおいては、お金に振り回されなかった人もいるのである。

第1章においては、邪馬台国の卑弥呼について考える。卑弥呼は魏の皇帝に絣と技術者（生口）を送り、その見返りに生糸の反物と錦の着物を手に入れるのである。そこには金も銀も登場しない。ましてや、貿易収支の不均衡問題も存在しないのである。豊かな朝貢貿易関係が存在するのである。そして、聖徳太子の時代の豊かさとは、紫草で染めた免疫力を高める着物を着ることこそが権威の象徴であったのである。

第4章では、羽柴秀吉の「高松城水攻め」を例に挙げ、本来羽柴秀吉がもちえない巨額の資金と大量の米を使って「高松城水攻め」のための堤防を造り、清水宗治を切腹に追いやり高松城を陥落させる作戦こそが400年前のケインズ経済学の実践であったことを説明する。

第9章においては、生きた金の使い方の代表として小栗上野介を議論する。小栗上野介の幕府内における業績としての造船所建設がその後の日本経済の発展との関係でいかに重要であったかを説明する。しかも、そのような評価にもかかわらず、小栗上野介は「徳川埋蔵金隠匿」の容疑で金を追い求める明治政府の追っ手によって処刑されてしまうのである。

《日本の歴史に学ぶ》

このような日本の歴史を背景に、今日の日本国内の大量な国債残高について考えるならば、日本の戦後の経済史のなかで財務省の経済政策のミスの結果として積み上げられてきたストックと

しての借金を、国民の税金から毎年返済するという計画は、巨大なストックの経済問題を弱弱しいフローの経済問題によって解決しようとする無謀な計画である。

このような考え方は、井上準之助以来の誤った経済理論（古典派経済学）を背景として、他人（欧米人）と他国（西欧の先進諸国）を信用するという、日本らしい美しい、しかし、誤った認識のもとで、実行された経済政策によって、日本経済を没落させる経済政策としか考えられないのである。

大蔵省時代以来、歴代政治家は新しい、しかし誤った経済理論（新々古典派経済学）に踊らされ続けているのである。橋本政権（平成8（1996）～平成9（1997）年）以来、「プライマリー・バランス」達成というマクロ経済学的には、無意味な節約政策（行政改革）を開始していまだに続行しているのである。

ここで、「プライマリー・バランス」とは、財政の健全性を示す指標である。国債などのストックとしての借金を除いたフローの歳入と、過去の借金のストックとしての元利払いを除いたフローの歳出（基礎的財政収支）を比較したそのバランスを指すのである。歳出の方が多ければフローの赤字となり、将来のストックとしての借金が増大するのである。「プライマリー・バランス」が黒字になれば、財政が健全であると定義され、過去の借金返済に充てられることを意味するのである。アベノミクスも同様に新しく間違った経済理論であり、経済政策なのである。そこには国民のための経済政策という政策目標が見当たらないからである。

今日の日本経済において、大事なことは日本国内の失業者を減らし、勤労者の所得を増加させ

ることである。そして、1千700万人以上いるといわれる非正規社員を無くし、正規社員としての地位を確保することである。特に、600万人以上の男性非正規社員を無くすことこそが結婚・子育てを促進する道であり、少子化対策の近道なのである。

そのためには、国内の資本形成を実現するための企業の投資を活性化させなければならないのである。しかし、海外への投資機会に恵まれた企業によって、産業の空洞化が進む今日の日本経済に企業の投資を向けさせるためには、資本形成のための投資減税と国内流通費用の低減が必要なのである。国内の流通費用を低減させるための政策とは、「物流新幹線構想」によるトラック輸送から鉄道輸送への代替であり、夜間物流新幹線の導入によって、枯渇性資源浪費型の日本経済の克服が可能となるのである。

平成25年9月7日

大矢野栄次

目次

はじめに i

第1章 卑弥呼の着物は何色か？ 1

1 卑弥呼の着物 3
 (1) 卑弥呼は絹製品を着ていた 3
 (2) 卑弥呼の絹の着物は染められていた 4

2 生葉染め 6
 (1) 藍の生葉による紫染め 8
 (2) 聖徳太子の冠位12階と色の意味 9

3 紫草 9
 (1) 染料としての紫草 9
 (2) 薬としての紫草 10

4 紫の生産 11

5 久留米は「繰女（くりめ）」の訛 14

6 着物の今日 15

第2章 日本の通貨 19

1 市場と交換 20
2 日本最初の貨幣 22
3 九州王朝説 24
4 藤原京と藤原宮 27
　(1) 『万葉集』から考える藤原宮 27
　(2) 藤原京とは何か 30
5 和同開珎銀銭 33
6 蓄銭叙位令の意味 34
7 米価の暴騰とデノミ政策 36

第3章 元寇と『東方見聞録』 39

1 元寇と神崎荘園の倉敷「袖の湊」 40
2 文永の役 42
3 黄金の島「ジパング」 43
4 弘安の役 44
　(1) 日本側の備え 44

第4章 羽柴秀吉の「高松城水攻め」と秀吉の経済学

   (2) 江南軍が遅れた理由「ボート・ピープル説」
   (3) 弘安の役 45
5 生涯この島で過ごすことになった人たち
   （マルコ・ポーロの『東方見聞録』） 46
6 蒙古襲来と少弐氏 48
7 戦争目的を達成した元軍 50
8 秘宝の陰に隠れる南宋官窯の陶磁器 52

53

55

1 高松城の水攻め 57
2 堤建造の費用 62
   (1) 米の量6万3千504石の内訳 64
   (2) 人夫の米売却による副収入と経済効果 66
   (3) 三方一両得 67
3 運んだ土砂の量 68
4 12日間の人夫の収入と生活 69
5 経済効果と羽柴軍への税収 71
   (1) 公共事業の経済効果 71

xi

(2) 秀吉の損得勘定

6 平成の時代の無策 …… 72

第5章 士農工商と江戸時代の生活水準

1 農業経済のモデル分析 …… 74

2 支配階級の発生 …… 77

3 商工業者の発生と農業からの商工業の分離 …… 78

4 江戸時代の人口と慶安御触書 …… 82

5 士農工商 …… 83

第6章 江戸の町民と武家の生活

1 米価変動の歴史 …… 86

2 米と武家の生活 …… 90

(1) 米価の変動と武家の暮らし向き …… 93

3 士農工商の消費者均衡点 …… 94

4 米価変動を抑えたシステム大坂堂島の先物取引市場 …… 96

(1) 豊作で米価が暴落する場合 …… 99

(2) 豊作で米価が暴騰する場合 …… 102

106 107 107

xii

第7章 旱魃と洪水の歴史──経済格差が始まる過程

1 津軽平野の開墾 112
　(1) 定期的な不作によって農民が小作化する 113
　(2) 冷夏・凶作対水害 115
2 筑後川の氾濫と農民の川への回帰 118
3 経済的格差是正のための政策的意味 120

5 水車考 109
　(3) 徳川吉宗の米価政策 108

第8章 鎖国の出島貿易と開国の横浜貿易

1 鎖国と出島貿易 124
　(1) 平戸から長崎へ 125
　(2) 長崎出島貿易の時代 126
2 鄭成功と台湾 127
　(1) 鄭芝龍の長崎貿易 127
　(2) 鄭成功 129
　(3) 干満の差を利用して戦った鄭成功 132

xiii

- 3 貿易利益の無い国際貿易 132
  - (1) 比較生産費説 133
  - (2) 受け身の貿易は利益をもたらさない 135
- 4 幕末の金と銀の交換比率 137
- 5 開港による日本経済への影響 140

第9章 徳川埋蔵金と小栗上野介 —143

- 1 徳川埋蔵金伝説 144
- 2 小栗上野介（1827〜1868年） 145
- 3 小栗上野介の想い 147
- 4 小栗上野介の経済学的な説明 149
  - (1) 経済学的の説明 149
  - (2) 定常状態からの乖離 151
  - (3) 経済成長の開始 154
- 5 その後の日本 155
  - (1) 幕末から現代まで 155
  - (2) 官僚制度の意義 157

xiv

第10章 金本位制と世界恐慌

1 金本位制 ……… 160
(1) 金本位制と貨幣数量説 161
(2) 金本位制のメカニズム 162

2 金解禁 ……… 163
(1) 金解禁 164
(2) 金解禁の実施 166

3 世界恐慌と日本経済 ……… 169
(1) 金解禁と世界恐慌 169
(2) ドル買事件と金解禁の挫折 172

4 金解禁の経済学的意義 ……… 173

第11章 昭和恐慌と井上準之助

1 為替相場 ……… 178
(1) 為替相場の推移 178
(2) 金本位制のルール 179
(3) 旧平価か新平価か 179

2 金輸出禁止政策 ……………………………………… 181
3 巨額の対外債務と金解禁 ……………………… 182
　(1) 日露戦争と日本の公債　183
　(2) 困難な対外債務返済計画　187
4 金本位制の経験 ………………………………………… 187
　(1) 日本の経験　188
　(2) 井上準之助の無念　191
5 昭和恐慌と二・二六事件 ……………………… 192

事項索引　195
人名索引　197
おわりに　198

◆イラスト（本文・カバー表2）平沢弘明
◆カバーデザイン・イラスト（カバー表3）鈴木　弘

第1章

卑弥呼の着物は何色か？

日本の神道において、最も位の高い神様である天照大神は、太陽神である一面、神御衣を織り、神田の稲をつくり、大嘗祭を行う神である。この神様のイメージのもととなった弥生時代の生活においては、居坐織などの原始的な機織が既にあり、紫草や藍などから取った植物染料を使った染めも行われていたようである。そして、この天照大神のイメージが邪馬台国の卑弥呼のイメージなのである。

　この章では、邪馬台国の女王卑弥呼が着ていた着物は何色であったのだろうかということについて考えることにする。

　ここで、「着物」とは、広義では「着るもの（衣服）」という意味である。「着るもの」という言葉がつまって「着物」になったと考えられている。「着物」は、今日、私たちが普段着ている洋服に対して和服＝着物という意味で用いられることが多い。日本の着物は、「日本の伝統文化」を代表するものとして受け入れられており、この「着物」という言葉は、国際的な語「kimono」として世界に通用するものである。

　着物は、四季のある日本の気候風土にも適しており、日本の生活や文化に溶け込みやすく、日本人の体型や顔立ちに適した服装であるのだろう。

1　『古事記』：伊邪那岐命が黄泉の国から還り、穢れを洗い流した際、左目を洗ったときに天照大御神が生まれた。右目から月読命、鼻から建速須佐之男命が生まれた。天照大御神は、日本神話に登場する神。別名、大日孁貴神という。伊邪那岐命は、天照大御神に高天原を治めるように指示した。

2　機織り部屋で仕事をする神。

3　『延喜式』では、自然神として神社などに祀られた場合の「天照」は「あまてる」と称されている。

卑弥呼の着物

邪馬台国の女王卑弥呼が着ていた着物は、材質は綿で絣である。色は白であるというイメージをもつ人が多いかもしれない。しかし先に説明したように弥生時代には既に染めものの技術はあったのである。ということであるから、卑弥呼の着物の色は白ではないであろう。

(1) 卑弥呼は絹製品を着ていた

『魏志倭人伝』によると、「男子皆露 以木緜招頭 其衣幅 但結束相連 略無縫。婦人被髪屈 作衣如單被 穿其中央 貫頭衣之 種禾紵麻 蠶桑緝績 出細紵縑。」とある。

「男子は皆露、木綿を以て頭に招け、その衣は横幅、ただ結束して相連ね、ほぼ縫うことなし。婦人は髪を曲げ、衣を作ること単被の如く、その中央を穿ち、頭を貫きてこれを衣る。」[4]

すなわち、男子は1枚の布を肩からかけて前で結び、もう1枚を腰に巻いて前で結んだ袈裟衣であり、女子は大きい布の真ん中に穴をあけ、頭を通して着る衣服である貫頭衣[5]を着ていると書いてある。[6]

稲（禾稲）や麻（紵麻）を種え、蚕桑を紡ぎ（緝績）、綿（細紵縑）を産出している。

4　読み方および意味は、白川静著『字通』平凡社、1996年より。
5　縄文時代の服装は、狩猟で入手した毛皮などを身にまとうだけの簡単なワンピース状衣服であった。寒さや暑さを防ぎ、外敵や雨風から身を守るだけの目的で衣服が用いられていたと考えられている。衣服に装飾的な意味合いはなく、狩猟で手に入れた獣や魚の皮、羽毛、木の皮などを身にまとっていただけの簡単なものであった。農業や畑仕事をするようになり、麻などの繊維が生まれて、それらを用いた織物がつくられるようになるのである。
6　平安時代（794〜1192年）に着用していた、小振りな袖で対丈（ついたけ、着るとちょうどの丈の意）の衣服「小袖」が始まる。

また、倭国には、養蚕があり絹を生産しているのである。ということは、卑弥呼の着物の材質など身分の高い人物は、絹を用いた衣服を着ていたはずである。そうならば、卑弥呼の着物の材質は絹で、色は白ではない何かの色であるということになるであろう。

(2) 卑弥呼の絹の着物は染められていた

『魏志倭人伝』の中に、次のような文がある。

「景初二年六月、倭女王遣大夫難升米等詣郡、求詣天子朝獻、太守劉夏遣吏將送詣京都。其年十二月詔書報倭女王曰制詔親魏倭王卑彌呼帶方太守劉夏遣使送汝大夫難升米次使都市牛利奉汝所献男生口四人女生口六人班布二匹二丈以到汝所在踰遠乃遣使貢献是汝之忠孝我甚哀汝今以汝爲親魏倭王假金印紫綬裝封付帶方太守假授汝其綬撫種人勉爲孝順汝來使難升米牛利渉遠道路勤勞今以難升米爲率善中郎將牛利爲率善校尉假銀印青綬引見勞賜遣還今以絳地交龍錦五匹絳地縐粟罽十張蒨絳五十匹紺青五十匹答汝所献貢直又特賜汝紺地句文錦三匹細班華罽五張白絹五十匹金八兩五尺刀二口銅鏡百枚真珠鉛丹各五十斤皆裝封付難升米牛利還到録受悉可以示汝國中人使知國家哀汝故鄭重賜汝好物也」

意味は、次のようなものである。

「景初2年6月、倭の女王、大夫難升米等を遣わし郡に詣り、天子に詣りて朝献せんことを求む。太守劉夏、使を遣わし、京都に詣らせる。その年の12月に、魏の皇帝曹芳は、詔書で次

4

第1章 卑弥呼の着物は何色か？

のように倭の女王卑弥呼に伝えた。『親魏倭王卑弥呼に申す。帯方郡の太守劉夏が、大夫難升米と次使都市牛利が、男の生口4人と女の生口6人、大縞模様の班布2匹2丈とともに送り届けてきた』」とある。

ここで、生口とは奴隷ではなく、技術者と考えるべきである。「班布」とは絣であり、2匹とは4反、2丈とは20尺である。

この卑弥呼からの贈り物に対して、「汝の国ははるかに遠いのに、使を遣わして貢献したことは汝の忠誠心の表れであり、汝を感慨深く（哀）思う。今、汝を親魏倭王となし、金印紫綬を包装して帯方郡の太守に託して授与する。汝はその内容を確かめて受領し懸命に孝順せよ。また、汝が遣使の難升米を率善中郎将に、牛利を率善校尉に任じ、銀印青綬を授け、面接してその労をねぎらい送り還す。この際に、緑地交龍錦5匹、絵地銘粟罽10張、著締紺青50匹を与え、汝の貢献に応えたい。また、特に紺地句文錦3匹、細班華罽純白の絹布5張、金8両、5尺刀2振り、銅鏡100枚、真珠、鉛丹各々50斤をすべて丁寧に梱包して難升米、牛利に持たせ汝に与えるので、倭国に帰還したならばしっかりと記録と照合して受取り、すべての品を汝の国中の人々に公示し、魏皇帝が汝をいとおしく思っていることを人々に周知せよ。ここに倭人の好む品物を丁重に選んで汝に下賜するものである」とある。

交龍錦とは、2頭龍を配した錦織物であり、それを5匹とある。また、錦とは、金銀、数朱の色糸を用いた厚手の絹織物のことである。白絹とは「模様のない白い絹織物」で

7　機織りなどの職人と考えるべきである。
8　1丈＝10尺　⇒　尺＝親指と中指を広げた長さである。高さが1丈、その木を杖という。神杖をもつものが尹（聖職者）である。
9　すうぞくけい：ちぢみ毛織物。
10　茜で染めた赤色の布。
11　紺青色の織物。
12　みつぎものの値。
13　曲線的な模様の入った錦織。
14　細かいまだら模様の入った毛織物。

2 生葉染め

次に、卑弥呼が普段着としていた着物の色は、何色であったのかについて考えてみる。

あり、それを50匹である。卑弥呼は、中国に絣を贈って、そのお礼に錦や色とりどりの絹織物と染めていない白い絹織物を贈られていたのである。

卑弥呼には、特に紺地の句文錦(紺色の地に区ぎり模様の付いた錦の織物)を3匹、細班華(細かい花模様を斑らに表した毛織物)5張、白絹[15]50匹・金8両・5尺刀2口・銅鏡100枚・真珠・鉛丹[16]おのおの50斤をたまう。みな装封して難升米・牛利に付(託)してある。

「還りいたったならば、録受し(目録にあわせながら受けとり)ことごとく(それを)汝の国中の人にしめし、(わが)国家が、汝を大事にしているのを知らせるべきである。ゆえに、(われは)鄭重に好い物をたまわる(与える)のである。」

日本への養蚕技術が伝わったのは紀元前200年くらいであり、稲作と一緒に中国からの移住者が伝えたと考えられている。邪馬台国の時代には日本では、養蚕が既に行われていたのである。

すなわち、卑弥呼の着物の材質は絹製であり、正式な儀式において着る着物は、魏の皇帝から頂いた錦の着物であることが説明されるのである。

---

15 模様のない白い絹織物。
16 黄赤色をしており、顔料として用いる。
17 呉(BC585〜473年)から、283年に秦氏が養蚕と絹織物の技術を伝えたという説もある。

第1章　卑弥呼の着物は何色か？

久留米市の東に「生葉」という地名がある。「生葉染め」とは、青紫の絹の藍染の手法の意味である。魏の皇帝から頂いた絹の反物を高貴な色の紫色に染める技術が「生葉染め」である。すなわち、この生葉（浮羽町）が卑弥呼の着物の色のイメージなのである。[18] 藍の若い葉で絹糸を染めると、青紫色の上品な色に染めることができるのである。つまり、卑弥呼の普段着の着物の色のイメージは、青紫色なのである。

魏志倭人伝に、卑弥呼が魏の皇帝に送った品に「班布二匹二丈」（絣二匹二丈）[19]がある。絣の染め物ならば、藍染であろう。この藍染で絹の反物を染めると「生葉染め」である。邪馬台国は、魏に絣を送り、高質の絹を貰って染めていたのである。

《養蚕と絹の歴史》

呉人は、BC585～473年の期間と2～3世紀の期間に大挙して日本に渡来した。養蚕の技術は、除福の来日以来の技術であり、邪馬台国の時代には既に絹製品があったことを意味している。浮羽地域では、かつては桑畑が多く、農家の座敷において飼われて「お蚕さん」と呼ばれていた。この地域は古くから紬（つむぎ）や製糸業の発達した地域である。

《古墳時代の着物》

古墳時代の着物は、布を裁断し縫った着物で上下に分かれた衣服であったといわれている。男子は筒袖の打ちあわせした上衣に、ズボン状のもので足結（あゆい）という膝辺りを紐で縛った衣褌（きぬばかま）を着

---

[18] 著者は、邪馬台国九州説を支持する立場であり、しかも、筑後平野のどこかに邪馬台国があり、卑弥呼がいたのだと考えている。この生葉郡の生葉の地名の由来は、「邪馬台国＝筑後説」の傍証となるのではないだろうか。

[19] 1丈（たけ）＝10尺である。

用していたらしい。女子は、中国の様式の「筒袖」の打ちあわせの上衣に、スカートのようなもので韓国のチマチョゴリに似た衣裳(きぬも)を着用していたらしい。これが、卑弥呼の普段着のイメージであるのだろう。

(1) 藍の生葉による紫染め

　藍染めには、2つの方法があるらしい。1つは、「建て染め」といい、もう1つは、「生葉染め」という。

《建て染め》

　藍の色素は水に溶けないので、微生物の発酵や化学的な薬品を利用して還元して水溶性にした後に繊維に染み込ませ、繊維中でインジカンが酵素によって分解してインドキシルという物質になり、酸化させて元のインジゴに戻す方法である。

《生葉染め》

　新鮮な藍の葉を砕いたジュースに直接繊維を浸して水溶性のインジカンを溶かし出し分解によりインドキシルに変化させて繊維に染み込ませ、繊維の中で酸化させて染色する方法である。この方法は、より鮮やかな色に染色できる。絹糸を染めると品の良い紫色になる。

8

3 紫草

(1) 染料としての紫草

着物を紫色に染める染料の材料として紫草がある。紫草とは、ムラサキ科の多年草である。根は太く紫色で、茎は高さ50センチ程度。6月〜7月に白い小さな花をつける。古くは日本各地の山地に自生していたが、現在は、環境省の絶滅危惧種に指定されている。

(2) 聖徳太子の冠位12階と色の意味

紫色についての歴史的ヒントは、飛鳥時代の聖徳太子にある。聖徳太子は「冠位12階」を制定した。官吏の位階を12階に分け、位により冠と衣服の色が定められたのである。このときの最も高位の色が紫色である。各階の具体的な色は、1大徳（濃紫）、2小徳（薄紫）3大仁（濃青）4小仁（薄青）5大礼（濃赤）6小礼（薄赤）7大信（濃黄）8小信（薄黄）9大義（濃白）10小義（薄白）11大智（濃黒）12小智（薄黒）である。

以上のことを前提にするならば、邪馬台国の卑弥呼の着物は、もっとも高貴な色である、絹製品の紫色の着物であったことが想像されるはずである。

---

20 奈良時代には礼服、朝服、制服を位により服装を3分類した、3公服が制定された。

紫草は、昔から紫染めの原料として用いられ、『万葉集』にも数多く登場する植物である。『万葉集』の12巻3101に、次のような歌がある。

「紫者 灰指物曾 海石榴市之 八十街尓 相兒哉誰」（詠み人知らず 景行天皇の歌？）

読みは、「紫は灰さすものそ 海石榴市（つばきいち）の八十の街（ちまた）に逢へる兒や誰」である。

意味は、「紫色は椿の木の灰から染めるものであるが、この海石榴市の辻道で出会った気品のある君の名は誰でしょうか」である。

この海石榴市とは、現在の行橋市内の椿市廃寺周辺であろう。ここは、八十の辻道（街）になっているのである。[22] 椿の灰と酢を使い、紫草の根から、紫色の染料を取ることには、「紫は灰さすものぞ、海石榴市の」という表現が使われている。

笠郎女が大伴家持に贈った次の歌にも、紫草が染料であることが出ている。

「託馬野尓 生流紫 衣染 未服而 色尓出来」（作者：笠郎女（かさのいらつめ））

読みは、「託馬野（たくまの）に、生ふる紫草（むらさき）、衣（きぬ）に染（し）め、いまだ着ずして、色に出でにけり」[23] である。

意味は、「託馬野に生えている紫草を、衣に染め付けて、まだ着てもいないのに、人に知られてしまいました」である。

(2) 薬としての紫草

紫草の根は、紫根と呼ばれ、アセチルシコニンと呼ばれる色素を含んでいる。紫根は漢方薬で

---

21 椿市廃寺とは聖徳太子が造った四天王寺跡である。もちろん、この景行天皇の時代には未だ存在しない。
22 奈良の椿市は一本道であり、八十の街（辻道）ではない。
23 ここで、託馬野とは熊本周辺にある地名である。

10

4 紫の生産

『豊後国正税帳』に球珠郡や直入郡には紫草園があったことが記されている。種を蒔くとき、その根を取り入れるとき、必ず豊後国の最高責任者が立ち会い、その間に大宰府も視察に来ていることが記されている。紫草園が、各国の国司、大宰府の責任で、経営されていたことを意味している。『延喜式』によれば、甲斐武蔵相模などの関東8カ国と九州の各国、出雲国石見国に、栽培進上が命じられている。奈良時代の初めは、紫は調副物という税として、成年男子1人当たり3両（約22ｇ）を出すことになっていた。

《紫は品格の染料である》
紫の色を染めだす紫草は、他の草木とは異なって特別な植物であった。もある。解熱効果があり、解毒剤としても利用された。外用薬としては、華岡青洲がつくった紫雲膏（潤肌膏）が有名である。紫根と当帰を主薬とした軟膏は、火傷、凍傷、ひび、あかぎれ、切り傷などに効くらしい。紫草は、ドイツ語では「ボラギノール」という。

紫草の染めものは、免疫力を高める着物を着るという意味であり、高貴な人の健康を維持するための重要な材料なのであった。

第1章　卑弥呼の着物は何色か？

「紫草を　草と別く別く　伏す鹿の　野は異にして　心は同じ」（『万葉集』12巻3099）

「鹿さえも他の草と紫草を区別するものだ」というように、紫草に対する古代の人々の思いは、大変なものである。これは朝廷の役人たちの冠や、儀式の際に最高位のものが身につける衣服が紫系の色であったことに表されているのである。

《額田王と大海人皇子》

『万葉集』1巻の20に、額田王の次のような歌がある。

「茜さす、紫野行き、標野行き、野守は見ずや、君が袖振る」

意味は、「茜色の光がさしている　紫の野（＝紫草の野、紫草をつくるための公営の荘園）に行ったときに、あなたが袖を振ってる様子を、野守が見ているかもしれませんよ」である。

題詞には「天智天皇が蒲生野で遊猟された時に額田王が作った歌」とある。蒲生野とは、熊本県山鹿市の東にある紫草の生産地の野である。遊猟とは、紫草狩りである。大事な紫草の生産を守るための皇族の儀式の様子なのである。『日本書紀』に次のような記述がある。「天皇七年の夏五月五日に蒲生野で狩が行われた。このとき皇太弟（大海人皇子）、諸王、内臣及び群臣皆ことごとく従った」とある。

大海人皇子の額田王への返歌は、次の歌である。

「紫能　尓保敝類妹乎　尓苦久有者　人嬬故尓　吾戀目八方」（大海人皇子）

読みは、「紫の、匂へる妹を憎くあらば、人妻ゆゑに、我れ恋ひめやも」である。

24　筆者は、「九州王朝説」の立場に立っている。『古事記』や『日本書紀』は、九州王朝における歴史の記述であるという立場である。興味がある読者は拙著『壬申の乱の舞台を歩く』（梓書院、2012年）を読んでいただきたい。

12

第1章 卑弥呼の着物は何色か？

意味は、「紫のように美しく気高い貴女を、あなたを憎いと思うのであれば、人妻であるが故にこんなに想うのでしょうか。いやそうではない。」である。
額田王は天武天皇（大海人皇子）の妃であり、十市皇女を生んでいる。しかし、この歌の時期は天智天皇（大海人皇子の年下の兄）の妃である。

《「紫の上」の意味》

紫式部が、『源氏物語』のなかで、光源氏の最愛の妻を、「紫の上」と命名した。お茶碗に高貴な秘色の器[25]を使う、優美で、なまめかしさ、めでたさ、あわれ、完全を備えた女性として描かれた。このように紫は高貴な色なのである。

《大宰府と紫》

大宰府へ集められた未精製の紫草も、大宰府で精製されて都（飛鳥宮・飛鳥浄御原宮・藤原宮）へ運ばれていた。古代、大宰府周辺は紫の産地（紫草）であり、加工地（真紫草）だった。大陸にも輸出していた。染料としての紫草の生産は重要な産業であった。竹田市は、7〜8世紀のころ九州有数の紫草（紫根）の産地であった。
昭和59（1984）年夏、大宰府史跡付近から、「進上豊後国海部郡真紫草□□□」と記した木簡が出土した。海部郡で紫草が栽培され、大宰府に納められていたことを示す木簡である。ここで、「真紫草」とは精製後の表記である。この木簡から古代の海部郡において手工業施設があ

25　青磁の器という意味である。

5 久留米は「繰女（くりめ）」の訛

「久留米」は、室町期から見られる地名である。久留米は古くは「久留目」とも書いた。聖徳太子の弟である久留目皇子（久米皇子）は久留米の人である。『筑後国神名帳』にある「玖留目神」を祭祀したことによる命名であるという説もある。また、機織りを生業とする渡来人の居住地で「呉部（くりべ）」の変化したものとする説もある。呉服媛や「呉媛（くれひめ）」が「呉女（くれめ）」、「繰女（くれめ）」と変化していったという説である。

「久留米」は、『日本書紀』に、安閑2（536）年、豊国の我鹿屯倉は、直入郡三宅郷（現竹田市）に置かれていたという。我鹿屯倉には紫草園があり、太宰府（遠の朝廷）の管理下で紫草が栽培されていたのである。

天平9（737）年の『豊後国正税帳』によると、国司が年3回（種子蒔・生育状況、収穫の3期）巡行していたという。収穫された紫根は、延喜式の官道と駅を経て、太宰府から奈良へと運ばれていた。[26]

東大寺正倉院文書『豊後国正税帳』や平城京跡、太宰府跡から出土した木簡で明らかになっている。

26　大宰府で、綾帛（きぬ）革などを染めるのに使用された分もあったが、『延喜式』から、約8千斤が、「紫草使」によって、陸路運ばれていたことがわかる。浅紫は一疋（1514×65㎝）当たり5斤、深紫は30斤を使ったという。当時紫1斤で米1石5斗（現在量6斗）が買えたという。紫草は値段も高貴であった。

27　久留米市を流れる筑後川が、ぐるぐる（クルメク、転く）と蛇行しているところからつけられたという説もある。

6 着物の今日

呉服神社（大阪府池田市室町）は、呉の国から渡来し、日本に機織技術を伝えた織姫・呉服媛と仁徳天皇が祀られている。応神天皇の時代に、呉の国に機織・縫製技術を得るために呉の国に派遣された猪名津彦命が、呉王に乞い連れ帰った呉服媛・穴織媛・兄媛・弟媛の4姉妹のうちの呉服媛が祀られている。[28] 仁徳天皇76（388）年、呉服媛死去、その翌年に仁徳天皇が建てたとされる。

福岡県津屋崎町には、縫殿神社という名前のお宮がある。宗像の神が1人残ってこの地で服をつくるように頼んだところ、兄媛が残り、この地に呉の高度な染色、機織り、裁縫の技術を広めたということから、3人の媛と応神天皇、神功皇后、大歳神が祀られている。デザイン、ファッションの発祥の地として考えられているお宮である。

著者が子供のころ、母がよく着物の洗い張りをしていたことを思い出す。洗い張りとは、普段着ていた着物をほどいて、反物の状態に戻してから、水洗いをすることである。各家庭で着物を自分で縫い糸を取って、ばらばらにしてから、洗い、乾かせて、また仕立てるのである。ほどいて反物の状態にして洗うため、着物のクリーニングとしてはきれいになり、生地が甦る

---

[28] 日本の民族衣装の和服を呉服と呼ぶ。和服を売る店を呉服屋と呼ぶのは、呉の国の媛が伝えた服だからであろう。

のである。これをクリーニング屋さんに出して、着物として着られるように仕立なおすには、高い仕立て代が必要である。

《悉皆屋》

「悉皆屋」とは、江戸時代の言葉で、大坂で染め物や洗い張りの注文を取り、京都の専門店に取り次ぐことを業とした者のことである。悉皆とは、①残らず・すっかり・全部という意味であり、②まるで、③（あとに打消しの語を伴って用いる）全然という意味もある。

京都で悉皆屋といえば、糸を用意して機織りやで織らせ、染め物屋で模様を擦らせたり、職人に絵を描かせたりして、反物にして、客から注文を取り、和裁士に仕立てさせて販売する一連の仕事をわずかな資本金を使って商売する人のことをいうらしい。

《縮小する着物産業》

経済産業省の「商業統計」と総務省の「家計調査」、それに矢野経済研究所が出している「呉服市場に関する調査結果」などによると、2009年度の着物小売の市場はおよそ3千210億円であり、1999年度のピーク時の約5分の1だそうである。

着物の市場規模は戦後昭和57（1982）年までは拡大していたが、その内訳は、着物1枚当たりの単価が次第に高くなっていったからであり、販売数量の増加ではなかった。普段着としての着物が売れなくなったために、婚礼や成人式、七五三などのための高価な晴れ着を売る努力を

29　生糸が蘇るのである。
30　ドライクリーニングの技術を和装に応用した丸洗いを、京洗いといい、溶剤で洗うので油汚れや皮脂汚れ、ファンデーションなどの汚れを落とすのに最適だと宣伝に書いてある。「丸洗い後プレス・しつけをして、仕立て上がりと同様の状態に仕上げます。」とも書いている。
31　「悉皆成仏」とは、「万物ことごとく成仏するという」意味である。

したからである。

《和裁士の減少と着物製造業の空洞化》

昭和29（1954）年に創設された日本和裁士会の会員は20年前には約6千人であったが、今日では約1千700人程度に減少しているらしい。原因は、着物の価格が安価で和裁士の賃金が低いからである。和裁の仕事の半分以上は加工賃の安い中国やベトナムへ流出しているのである。その結果、国内の加工料の値下げが必要となり、和裁士の賃金が低下するという悪循環が生じているのである。和裁士を養成する和裁学校も少なくなり、今日では和裁は「絶滅危惧種」の1つとなってしまっているのである。「工業統計」によると、2007年度の和装製品製造業は、428事業所、従業員数5千658人と、10年前の約半分近くに減少している。

《着物ブームの到来？》

今日、普段着として、「ケ」として着物を着る人はほとんどいなくなってしまった。「ハレ」として「晴れ着」のための着物は残っているのである。しかし、「ハレ」の着物は日本経済のバブルとともに消え去ってしまい。今日、着物業界は存亡の危機を迎えている。

最近は、「和ブーム」であり、茶道や華道と同様に、新しいキモノのファッション雑誌が出ている。しかし、着物業界としては厳しい状況が続いているのである。日本人全体の95%もの人が、程度の差はあれ「着物を着たい」と思っているというアンケート結果がある。しかし、着物を商

第1章　卑弥呼の着物は何色か？

17

品として見る機会も少なく、着物の知識を得る場も限られている。着物の価格の不透明さも手伝って、消費者は着物を身近に感ずる機会がないのである。

着物産業は日本文化を象徴する伝統的な産業である。日本人が日本の歴史を知り、日本の文化を学ぶ、日本的な生活様式を日常生活のなかに取り戻すことが、この伝統的な産業としての着物産業を甦らせる方法であるかもしれない。

《日本最初の貿易》

卑弥呼の朝貢貿易は、日本の国際貿易の始まりである。朝貢貿易は宗主国の倍返しであるから邪馬台国にとって、卑弥呼にとって大きな利益をもたらしたのである。そのときの貿易の品は、絣であり絹製品であった。お互いに着物の材料を交換しあって利益を得たのである。

ここで「男生口四人女生口六人」とは、染めものの職人であり、機織りの職人であるだろう。技術者の派遣による技術の移転であったと考えられるのである。

第2章

日本の通貨

1 市場と交換

「市場」とは、かつては「市庭」と書かれていたらしい。ここで、「庭」とは「人々が共同で何かの作業や生産、あるいは芸能を行う場所」を意味していた。狩りを行う場は「狩庭」、網を引く漁場は「網庭」、塩を焼く浜は「塩庭」、収穫した稲を共同で干す広場は「稲庭」であり、「朝廷」も本来は「朝庭」であったらしく、天皇が口頭で訴訟を採決したり、人々に命令を伝達したりする広場であったのである。

市がたつ場は、古来、「河原や川の中州、海辺の浜、坂の途中であった。これらの場所は川と陸の境、海と陸の境、そして、山と平地の境であり、いずれも『境界領域』[2]である。古代では椿や栃の木の下に市がたっていた。これは天と地の境を意味すると考えられている。

このように「人々が市をたてた場所は、人間の力を超えた聖なる世界と人間の世界との境」であった。これらの場所は網野善彦著『歴史を考えるヒント』（新潮文庫、新潮社、2012年）によると、「世俗の縁の切れる場所」であり、「無縁の場」であり、そこでは人も物も神仏の世界、聖なる世界に属し、誰のモノでもなくなってしまうのである。モノとモノを商品として交換するためには、このようにして一度モノを「無縁の場」に投げ入れることによって、人がモノとの縁を切ることが可能となり、古代の日本人はモノを他人に渡すことができたのである。

1　網野善彦著『歴史を考えるヒント』新潮文庫、新潮社、2012年、155-156頁。
2　網野善彦著『歴史を考えるヒント』新潮文庫、新潮社、2012年、157-158頁。
3　万葉集12－3101に「紫は　灰さすものぞ　海石榴市（つばいち）の　八十の衢（やそのちまた）に　逢へる子や誰れ」がある。景行天皇の歌である。行橋市の西の椿市廃寺周辺である。また、万葉集12－2951に「海石榴市の　八十の衢に　立ち平し　結びし紐を　解かまく惜しも」がある。ここで、衢（ちまた）とは、道股（ちまた）の意味で、道の分かれる所・辻などを意味する。行橋市の椿市廃寺周辺は、この景行天皇の歌のとおりに道股（三叉路）になっている地にある。

なぜならば、古代の日本人は、「物にもその持ち主の心が込められており、それを相手に渡すことは自らの心を渡すことになるために、市場で交換するためには世俗の縁の切れたもの、人の世界から切り離された神仏の世界のものになったものを、後腐れなく商品として市場で交換することが可能になる」（前掲書、158頁）と考えたのである。

このような人々の考え方を背景として、日本の歴史において商業活動と宗教との関わりが生じるのである。「神に捧げ無縁となったから交換できる、交換が成り立つ」という考え方から市場交換の在り方が説明されるのである。

本章のテーマである「日本の貨幣」が市場で受け入れられるためには、このような人々のモノに対する心の在り方と交換の仕方が貨幣の存在によって、無縁となり交換に問題のないようになることが説明されなければならないのである。貨幣を介在させることによって交換で得られる他の人のモノを受け入れる心のありようが理解されなければならないのである。このような心と心の鬩ぎあいを解決する手段として、古代の日本の人々において、貨幣は重要な役割を果たすのである。すなわち、交換手段としての貨幣の存在が市場取引を、それぞれの人々の心の中で、より効率的に行うようにすることができるのである。[4]

---

[4] 13世紀前半までは、日本国では絹や米が交換手段であり、土地売買の決済もそれらで行っていた。銭が本格的に交換手段として利用されるのは15世紀の足利（室町）時代であると考えられている（網野善彦著『日本の歴史をよみなおす（全）』ちくま学芸文庫、筑摩書房、2005年）。

2 日本最初の貨幣

和銅元（708）年に発行された「和同開珎」は、日本で最初の流通貨幣といわれており、「皇朝十二銭」の第1番目の通貨にあたる。直径24mm前後の円形で、中央には一辺が約7mmの正方形の穴が開いている円形方孔式の銭である。この銅銭の表面には、時計回りに和同開珎と表記されており、裏は無紋である。和同開珎の形式は、621年に発行された唐の「開元通宝」を模したもので、書体も同じである。

しかし、この和同開珎は、日本において最初に鋳造・発行された銭貨ではないのである。

『日本書紀』の天武天皇下・12年2月の条によると、「自今以後、必用銅銭。莫用銀銭」とある。すなわち、「これからは銅銭を使用しなさい。銀銭を使用してはいけない」とある。ここで、銅銭とは「富本銭」のことである。

和同開珎が発行される奈良時代以前に、天武天皇によって「今後、使用するな」と命令された無紋銀銭とは、皇極天皇（642～645年）が重祚して斉明天皇（655～661年）の時代に発行された銀貨であり、「白村江の戦い」（662

---

5 著者が小学校・中学校のころは「わどうかいほう」と読まされた。しかし、今日では、「わどうかいちん」であるらしい。
6 「本朝十二銭」ともいう。
7 現在の埼玉県秩父市黒谷にある和銅遺跡から、純度が高く精錬を必要としない自然銅である「和銅（にきあかがね）」が産出したことを記念して、「和銅」に改元するとともに、和同開珎が作られたとされている。唐に倣い、貨幣制度を整えるため、またちょうど平城京遷都の直前だったため、遷都の経費を、銅地金と貨幣価値との差額で補う目的もあった。
8 通貨の単位としては、奈良時代の律令政府が定めた通貨単位1文として通用した。当初は1文で米2kgが買えたといわれ、また新成人1日分の労働力に相当したとされている。
9 唐の開元通宝を模したものであるということは、「和銅開珎」と時計回りに読むのではなく、唐の「開元通宝」と同様に「和開同珎」と読むべきではないだろうか。
10 この銀銭は、銀製の和銅開珎という説もある。しかし、時代を遡ることは無理である。

年[11]のすぐ前の時期に発行された貨幣である。すなわち、唐・新羅の連合軍との戦いに備えた軍備増強のために斉明天皇の時代に発行された可能性が強い貨幣なのである。

天武天皇によって、「これからは銅銭を使用しなさい」と命令された銅銭とは、天武12（684）年以降の銅銭であり、富本銭[12]である。この富本銭は、1999年1月19日に、奈良県明日香村から大量に発見された銭である。この富本銭の発見によって、日本最古の貨幣は和同開珎であるという定説が覆ったのである。

権力者が新しい通貨を発行する理由は、戦費調達か新しい都（藤原宮）の建設費用捻出のためであるということについては古今東西同じであろう。すなわち、斉明天皇が無紋銀銭を発行した理由が「白村江の戦い」[13]の準備のために、例えば艦船400艘の建設費用等の戦費調達資金であったように、天武天皇が富本銭を発行したのは「壬申の乱」（672年）後の10年後の天武12（682）年であり、飛鳥浄御原から藤原宮に遷都するための新宮建設（新益京、藤原宮）のための資金調達が目的であったということができるであろう。

《円の意味》

銭の形が円形方孔形式であることの意味は、「天は円く、地は方形である」という古代中国の宇宙観に基づいた「天圓（円）地方」の思想から生み出されているらしい。天が円で表される理由は、星の運行が円運動で表されることから考えられたのである。すなわち、貨幣価値の単位である圓（円）は宇宙（天空）の動きを表しているのである。今日、日本では「圓」の略字の「円」

---

11 一般的な教科書では、663年と教えられるが、古田武彦氏は662年であると説明している。
12 久留米市田主丸町竹野に富本という地名がある。この富本の南側に位置する耳納連山の南側には銅山があったことが知られている。
13 『日本書紀』においては、663年とあるが、古田武彦氏によって662年であることが証明されているので、本書ではこちらを採用する。

が、中国では「圓」の略字の「元」が貨幣価値の単位として使用されている。因みに、韓国や北朝鮮で使用されている貨幣単位の원（ウォン）も圓の音である。

❸ 九州王朝説

著者は「九州王朝説」の立場をとる。九州王朝説とは一般的には、考古学研究者の古田武彦派の人々の考え方であり、古代、飛鳥時代には近畿地域と九州地域に2つの独立した王朝があった。「白村江の戦い」は九州王朝が唐・新羅の連合軍と戦い敗北してやがて滅亡の危機を迎えた、その間を狙って近畿王朝が九州王朝の歴史や神話とともに政治的・経済的な権力と歴史を簒奪したものであるという立場の説である。しかし、著者の考えはいささか異なっている。

九州王朝が「白村江の戦い」において唐・新羅の連合軍との戦いに敗北した結果、一時は郭務悰の進駐・占領政策のもとで、九州王朝の天智天皇が国の再建を試みたものの、九州王朝内で「白村江の戦い」を傍観した天智天皇・大友皇子勢力と「白村江の戦い」に参戦して戦った筑紫君薩野馬・大海人皇子勢力との間で争いが生じ、天智天皇亡き後、皇位継承をめぐって天智天皇の後継者に指名された大友皇子と大海人皇子との間で、「壬申の乱」（672年）が生じたと考えている。この「壬申の乱」の戦いにおいて大海人皇子（吉野宮）と大友皇子（大津宮・近江京）の勢力が争い、大海人皇子が勝利して天武天皇として飛鳥宮において即位し、九州王朝の勢力を回復し

---

14 拙著『壬申の乱の舞台を歩く－九州王朝説』梓書院、2012年を参照されたい。
15 古田派の研究方法は「科学的ではない」という主張がある。科学的とは、「反証可能性」であり、「再現可能性」である。古田派を批判する人々の研究方法が科学的であるためには、「反証可能性」を前提にすべきであり、九州王朝説の可能性を近畿王朝説との関係で、「再現可能性」としてシュミレーションして比較検討すべき時代であると考える。

ようと都を飛鳥宮から飛鳥浄御原へ遷都して都の周囲を浄めて怨霊を排除しようと努力した。しかし、天武期においては天変地異が打ち続き、たびたびの国難に遭い、これを「竜田立野の風の神」と「広瀬の水の神」の祟りだと悟った天武天皇は、この祟りを克服するために「藤原宮」を造営したのである。このときの財源の一部が富本銭の発行だったと考えるのである。

しかし、天武天皇の時代は、うち続く旱魃などの天変地異と地震によって経済が次第に衰退してしまった[16]。天武天皇と持統天皇は、この自然災害を「壬申の乱」で亡くなった人々の祟りであると信じて、「広瀬の水の神」と「立田立野の風の神」の祟りを封じようと考え毎年4月と7月に祟りを鎮めるための祀りを行ったものの、最後にはとどめの筑紫大地震（679年）、白鳳大地震（684年）[17]によって九州王朝の経済的基盤の多くが破壊されてしまった。度重なる天変地異による自然災害によって九州王朝の再建が困難となり、「祟りを恐れた」一部の人々が次第に近畿奈良都に移動を開始したと考えるのである。この時期に九州王朝と吉備王朝の援助のもとで、近畿地方に進出したのが藤原不比等であるという説である。

藤原不比等は天武天皇の命令のもと藤原宮を建設して、その褒美として吉備王朝支配下の近畿奈良地域の開発を任されたのであろう。しかし、藤原氏のための都城建設の半ばに九州王朝からの避難者たちの受け入れにあたり、やがて奈良に帝を受け入れて平城京を建設するという方針変更を実行したのである。これが平城京に歪な東の区域を残すことになったのである。

すなわち、和同開珎は、平城京造営のために発行されたのである。斉明天皇によって発行

---

[16] 天武天皇時代は地震や天災、異常気象が多いことが特徴である。気候不順、長雨、大雨、洪水や旱魃（かんばつ）、日照り、雹（ひょう）、大雪が続いている。また、流星や隕石落下、日食とこの時代の人にとっては、天変地異であった。

[17] 天武13（684）年10月14日22時ごろに、この大地震は発生した。「白鳳地震」とか「天武地震」と呼ばれている。しかし、九州王朝説にとって重要なのは、筑紫大地震（679年）である。この大地震によって、筑後川流域の水田（津留）が破壊されて、九州王朝の経済的基盤が弱体化していくのである。

された無紋銀銭も天武天皇によって発行された富本銭も九州王朝において鋳造され流通した銅銭であり、その発掘量が近畿地方において極端に少ないのは当然といえる。それぞれの貨幣の流通の時代と地域が異なっているからであるというのが著者の立場である。これらの無紋銀銭や富本銭が奈良において見つかったのは、九州から移民した人々がもたらしたものか、あるいは、この地で鋳造したものということになるのである。すなわち、これが「私鋳銭」である。

《「私鋳銭」としての「富本銭」》

　富本銭は、昭和44（1969）年に平城京跡から、昭和60（1985）年に平城京跡の井戸の底から出土した。また、平成3（1991）年と平成5（1993）年には、奈良県の藤原京跡からも出土した。それ以降、平成7（1995）年に、群馬県藤岡市の上栗須遺跡から1枚出土しており、平成11（1999）年1月に、奈良県の飛鳥京跡の飛鳥池工房遺跡から33枚の富本銭が発掘されている。しかし、この33枚のうち、「富本」の字を確認できるのが6枚、「富」のみ確認できるのが6枚、「本」のみ確認できるのが5枚で、残りは小断片である。周囲には、鋳型や鋳棹、湯道や鋳張りなどが残っていたといわれている。すなわち、これこそが九州王朝で流通していた銭を奈良で鋳造したという意味で、私鋳銭の工場跡が発見されたと考えるべきではないだろうか。

4 藤原京と藤原宮

(1) 『万葉集』から考える藤原宮

奈良の藤原京は、大和三山に囲まれているといわれている。北に耳成山、東に天の香具山、西に畝傍山であり、遠く南に吉野山である。

『万葉集』1巻52（695年）に柿本人麻呂の「藤原宮御井歌」には、藤原宮について、次のような歌がある。

「やすみしし　わご大君　高照らす　日の皇子　あらたへの　藤井が原に　大御門　始め給ひて　埴安の　堤上に　あり立たし　見し給へば　大和の　青香具山は　日の経の　大御門に　春山と　しみさび立てり　畝火の　この端山は　日の緯の　大御門に　端山と　山さびいます　耳成の　青菅山は　背面の　大御門に　よろしなべ　神さび立てり　名くはしき　吉野の山は　影面の　大御門ゆ　雲居にそ　遠くありける　高知るや　天のみかげ　天知るや　日のみかげの　水こそば　常にあらめ　御井の清水」

この歌の意味によると、藤原宮は「藤井が原」にあり、水が常にある（湧水）と書いているのである。そして、「青香具山」は藤原宮の東にあり、「畝火（畝傍）山」は西ではなく、北側にあると書いているのである。

図2-1 藤原京は大和三山に囲まれているが、配置が間違っている

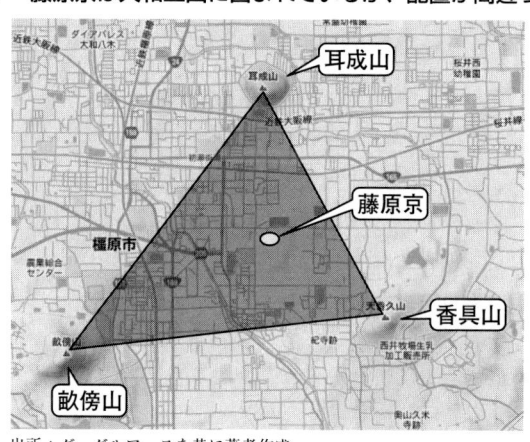

出所：グーグルアースを基に著者作成。

「耳成の青管山」は北側にあるのではなく、南側に（背面＝北斜面が見える）あるのである。そして、「吉野の山」は雲居の遠くに、西の方にあると歌われているのである。ということは、奈良にあるといわれている藤原京と大和三山との配置関係は『万葉集』の柿本人麻呂の「藤原宮御井歌」とはあまりにも異なった配置なのである。

『万葉集』50にも藤原宮について、同様な歌、「御井の清水」の歌がある。

「高知るや　日の御蔭の　水こそば　常にあらめ　雲居にそ　遠くありける　名ぐはし　吉野の山は　影面の　大き御門ゆ　宜しなへ　神さび立てり　耳梨の　青菅山は　背面の　大き御門に　端山と　山さびいます　畝傍の　この瑞山は　日の緯の　大き御門に　春山と　繁びたてり　大和の　青香具山は　日の経の　大き御門　始め給ひて　埴安の　堤の上に　荒たへの　藤井が原に　やすみしし　わご大君　高照らす　日の皇子」

《天の香具山考》

天香具山とは『万葉集』では「青香具山」であり、青とは東であり、天とは日の出る方向である。どちらも飛鳥宮の東にある香山（高山）の意味である。九州王朝説では山頂に、香山昇龍大観音がある高山が香山であり、飛鳥（小郡）の東に位置する山である。また、橘田（橘広庭宮と推定）の北東の鬼門の方向に位置する山である。

斉明天皇が即位した際に、都が飛鳥宮から橘広庭宮へ移った理由は、外敵からの侵略の脅威に対応したものであった。もしも、唐・新羅の連合軍が九州に攻めてくるならば、その入口は、北西方向の博多口と西南方向の有明海口である。これらの地の様子が一望できるこの香具山こそが見張り台であり、敵の侵入と味方の抵抗の状態を一望でき、いざという時には東の日田方面に逃げることができる場所なのである。日田盆地を東に進めば瀬戸内海に通じており、吉備への逃亡経路が確保されているのである。すなわち、大宰府と日田とをつなぐ要衝大山峠を守ることが重要である。

《畝傍山》

『日本書紀』によると、神武紀4年から27年後の「卅有一年夏四月乙酉朔」（31年夏4月1日）、「皇輿巡幸」（天皇のご巡幸があった）、「因登腋上嗛間丘。而廻望國状曰」（脇上の嗛間の丘に登られて、国の状態を望んでいわれた）とある。ここで、畝ではなく、田辺に毎と書かなければならない。「ホ ボ ウ セ ウ ネ」と読むらしい。毎には母の声があり、農作物の意味である。

すなわち、畝傍山とは母なる山という意味があるらしい。先祖を祀る山という意味であろう。

しかし、奈良の畝傍山には、古墳が1つもないのである。しかし、小郡の畝傍山らしき花立山には、古墳が100近くある。まさに母なる山である。

橿原神宮は、御祭神・神武天皇が畝傍山の東南・橿原の地に宮を建てられ即位の礼を行われた宮址にあるとされ、明治23（1890）年に奈良の地に創建された。しかし、本当の橿原神宮は本当の畝傍山（花立山）の傍になければならないと著者は考えている。また畝傍山の北側には、神武天皇の墓があると『日本書紀』に記されている。神武天皇の御陵（137歳で崩御ということは現代の歳の数え方では67・5歳）は畝傍山の東北の方の白檮尾(かしのお)のあたりにあるはずである。

(2) 藤原京とは何か

以上の議論の結論は、藤井の原とは久留米市内であり、藤原宮は久留米市の御井町にあるのである。

奈良県の藤原宮は、都の中心の最も低い地に「内裏」が位置しており、大宰府や平城京とは別の、少なくとも中国風の建設ではない。大和盆地を東西・南北の直線道路によって区画し、南北を「条」、東西を「坊」とした「条坊制」という町割り制度が布かれている。1辺が1kmの正方形、面積約100ヘクタールの都市で、その人口は2〜3万人程度である。

18　大宰府と平城京は、中国の都城制を摸して造られている。しかし、藤原京はその影響下にはないのである。

図2-2 平城京と藤原京

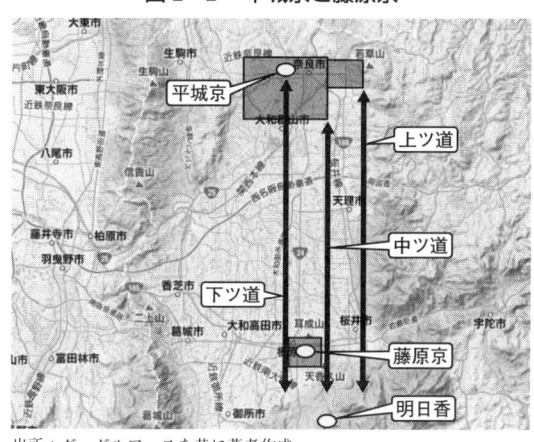

出所：グーグルアースを基に著者作成。

しかし、『日本書紀』に「藤原京」という名は出てこないのである。「藤井の原の御井にある藤原宮」である。平城京は大宰府と同一の思想の下に造営されている。しかし、奈良県の藤原京と平城京は別の理由でつくられたか、あるいは別の文化圏の構造物である。

図2-2は平城京と藤原京との位置関係を表したものである。平城京からは3本の道が南に延びている。東から、上ツ道、中ツ道、下ツ道である。中ツ道は明日香と南北に連絡している。しかし、上ツ道はどこにも繋がっていないのである。そして、藤原京は中ツ道と下ツ道に挟まれており、平城京との関係は何もないかのような道路の配置なのである。

九州王朝説から考えると、この藤原京は藤原宮ではなく、筑紫大地震以後、経済的基盤が衰退した九州王朝勢力と吉備勢力が奈良地域（藤原京地域）に進出した際の、避難民の一時的な生活の場である。すなわち、貴族の一時的生活の場が小高い地の明日香であり、その他の避難民が低湿地帯の藤原京と呼ばれる地域に一時的に住んだと考える所以である。

図2-3 平城京と藤原京（計画変更前）

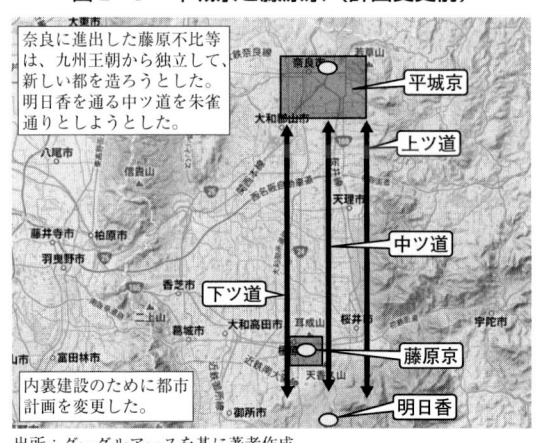

奈良に進出した藤原不比等は、九州王朝から独立して、新しい都を造ろうとした。明日香を通る中ツ道を朱雀通りとしようとした。

平城京
上ツ道
中ツ道
下ツ道
藤原京
明日香

内裏建設のために都市計画を変更した。

出所：グーグルアースを基に著者作成。

藤原不比等は、最初、図2-3のように九州王朝から独立して新しい藤原氏のための都市を建設する予定であったのだろう。しかし、九州王朝の衰退によって近畿圏に移民してくる九州王朝の人々を受け入れるために、一時的な避難場所として明日香の飛鳥と藤原京の地を建設したのである。それ故に藤原京には大邸宅の跡が無いのである。[19]

《九州王朝説の藤原宮》

図2-4は、九州王朝説の藤原宮の位置関係である。北に畝傍山（花立山）があり、東に香具山（香山、高山）がある。そして、南に耳成山（耳納山、水縄山）が配置されており、『万葉集』の山上憶良の歌の通りの配置のなかに飛鳥宮があり、飛鳥浄御原宮がある。

藤原宮は、耳納山の鷹取山と南の女山の清水の東にある鷹取山と吉野ヶ里の西にある鷹取山の3つの鷹取山によって張られた結界のなかに配置された地が、「藤井の原の御井」である。御井はもちろん清水（湧水）も豊富な地である。

---

[19] 筑紫大地震は679年であり、このころから九州脱出の移動が始まり、その後、飛鳥浄御原宮から藤原宮に遷都された694年以降に、藤原不比等の奈良への移動が開始されると考えられるのである。そして、この過渡期を過ぎて、奈良の平城京への遷都は710年である。

図2-4　九州王朝説の藤原宮

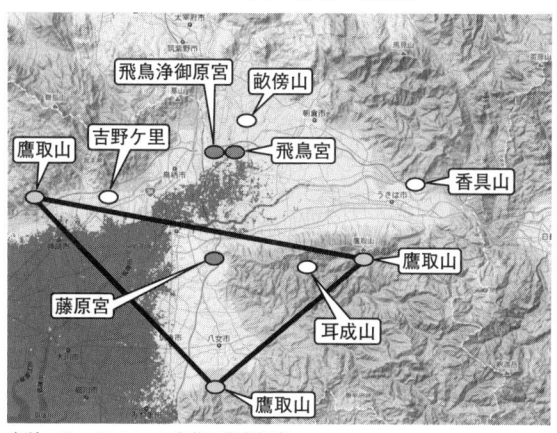

出所：グーグルアースを基に著者作成。

5 和同開珎銀銭

奈良時代の708年5月に、銀銭「和同開珎」が近畿王朝において初めて発行された。平城京遷都に必要な莫大な経費を、銅地金本来の価値と貨幣価値との差額で賄うために和同開珎が発行されたと考えられるのである。その2カ月後の7月に銅銭の鋳造が始まり、8月に発行されたことが『続日本紀』に記されている。そして、銀銭は翌年8月に廃止されているのである。最初に和同開珎の銀銭が発行されたのは、九州王朝からもたらされた無紋銀銭や富本銭よりも平城京が発行する和同開珎の銀銭に流通力をもたせるための政策であったのであろう。

やがて、九州王朝からもたらされた無紋銀銭や富本銭が回収されると、銀銭の役割が終了して、銅銭の和同開珎に取って代わられるのである。和同開珎には、富本銭と競争する時代の厚手で稚拙な「古和同」[20]と、新通貨として通用する薄手で精密な「新和同」がある。[21] 新和同は銅銭しか見つかってい

---

20 「古和同」は、「和同開珎」の初期のものとする説と、和同開珎を正式に発行する前の私鋳銭または試作品であるとする説がある。
21 「古和同」と「新和同」は成分が違い、「古和同」はほぼ純銅である。また両者は書体も異なっている。

6 蓄銭叙位令の意味

《「無紋銀銭」と「富本銭」の普及と九州王朝説》

和同開珎以前に存在した貨幣として、無紋銀銭と富本銭が知られている。しかし、これらは近畿圏においては広い範囲には流通しなかったと考えられており、また、通貨として流通したかということ自体に疑問も投げかけられている。しかし、このような疑問は九州王朝説を前提にした貨幣の流通範囲を考慮すれば解決される問題なのである。

現在では、和同開珎は、確実に広範囲に貨幣として流通した日本最古の貨幣であるとされている。このことも同様である。九州王朝滅亡後においては奈良平城京が発行する和同開珎が唯一の通貨であるからである。

ないことから、無紋銀銭や富本銭の回収がほぼ終了し、銀銭和同開珎の役割が無くなって廃止された後に発行されたと考えられるのである。

和同開珎発行から3年後の和銅4（711）年に、貨幣を多く蓄えたものに位階を与えるとする「蓄銭叙位令」が発布された。吉田孝著『大系日本の歴史（3）』小学館ライブラリー、小学館、1988年、173頁）によると、「従6位下8位以上のものが10貫（銅銭1万枚）献納すれば、

34

位を1階、20貫献納すれば2階進め、初位以下には5貫につき1階進めた」とある。この制度は、位階を銭で売る一種の売官制であったという批判がある。あるいは、銭の流通を促進するために行われたという説もある。しかし、貨幣の流通促進政策として銭を貯めなさいというならば、「蓄銭奨励」であり、官位を売買する「蓄銭叙位」とは矛盾しているのである。しかも、蓄銭叙位令は銭の死蔵を招いたため、延暦19（800）年に廃止されたと考えられているのである。

以上の説明は、経済学的には、理解に苦しむ解釈である。九州王朝説と九州からの奈良平城京への遷都を前提とするならば、答えは簡単である。

位階による収入の内訳を見ると、正六位以下の貴族にとっては、収入は季禄だけである。従五位以上の貴族になると、位田[23]と位禄[24]が毎年貰えるのである。従三位以上になると位封[25]が得られるのである。

すなわち、蓄銭叙位令とは九州王朝から移って来た貴族たちが保有している財産を処分させて銭に変えさせて、位階を進め毎年の定期的な収入を約束しようとする政策であったのである。もちろん、新築間もない平城京の朝廷にとって物資は不足していたはずである。その物資を新しく発行された銅銭に代えることによって不足する財貨を獲得・配分しようという政策であったのかもしれないのである。

畜銭叙位令が廃止されたのは、九州からの貴族の再雇用政策が終了したからであると考えるべきである。

22　位階に応じて支給された禄（在京の官人・大宰府・壱岐・対馬の官人）。春秋2季に絁・布・綿などが支給された。
23　品位に応じて支給された田地（5位以上の官人・諸王）。
24　位階に応じて支給された禄（4位・5位の官人・諸王）。絁・布・綿などが支給された。
25　位階に応じて支給された封戸（3位以上の官人・諸王）。
26　実際に位階を与えた記録は、同年11月の1例しか残っていないようである。

7 米価の暴騰とデノミ政策

和同開珎の発行52年後の天平宝字4（760）年には和同開珎に代わって、「万年通宝」へ改鋳された。このとき、和同開珎10枚と万年通宝1枚が等価価値として定められたのである。今日のデノミ（デノミネーション）政策である。

しかし、形も重量もほぼ同じ銭貨を極端に異なる10倍の価値として位置づけたため、借金の返済時などの混乱が続いた。「神功開宝」発行の後、宝亀10（779）年に和同開珎と万年通宝、神功開宝の3銭は、同一価の銭とされ、以後通貨として混用されることになった。

《私鋳銭について》

ここで、政府が定めた銭の表示価値が銅の地金の価値と比較して非常に高かったために、発行当初から、民間で勝手に発行された「私鋳銭」の横行やそれに伴う貨幣価値の下落（物価の上昇）が起こったといわれている。これに対し律令政府は、私鋳銭鋳造を厳罰に定め、首謀者は死罪、従犯者は没官、家族は流罪とした。

この私鋳銭とは和同開珎であろうか、もしかしたら、無紋銀銭や富本銭ではないだろうか。九州から移民してきた貴族が所有している銅や銀の地金を使って無紋銀銭や富本銭を鋳造して使用したのではないだろうか。

36

「皇朝十二銭」は改鋳を重ねるごとに大きさが縮小し、重量も減少して、素材も劣悪化していった[27]（当時の製錬法では利用できる銅資源が限られていたため、原材料の銅の生産量が年々低下したためと考えられている）[28]。和同開珎が発行されて間もないころには、銭1文で米2kgが買えたのが、9世紀中頃には、買える米の量は100分の1から200分の1にまで激減してしまったといわれている。

価値の低下した銭は、流通と交易の現場からは姿を消し、日本国内での銭の流通は限定されたものとなった。このようにして、日本の朝廷が発行する銅銭への信頼は次第に失墜して、「乾元大宝」の発行後は、朝廷の弱体化とともに、銅銭発行が終了した（11世紀初頭をもって貨幣使用の記録は途絶えた）。その結果、日本の経済は米や絹などの物品貨幣経済へと逆戻りしたのである。

日本と宋との交易が発達すると、中国から輸入した貨幣価値が安定した宋銭、元銭、明銭などが用いられるようになった。やがて宋銭が大量に流入するようになるのである。

日本の歴史において、銅銭公鋳が再開されたのは、皇朝十二銭の600年以上後の江戸時代の慶長13（1608）年に「慶長通宝」、寛永4（1627）年の「寛永通宝」の鋳造の時代である。

---

27 「延喜通宝」や最後の「乾元大宝」は、銅銭ではなく鉛銭であるといわれるほど鉛の含有量が高いものが多く存在する。
28 近畿内では金属貨幣に対する需要は、完全には無くならず、贓物（盗難品）の被害額を贓物勘文や沽価法などの公定価格の決定には貨幣換算が用いられた。

第3章

元寇と『東方見聞録』

1 元寇と神崎荘園の倉敷「袖の湊」

佐賀県神埼市と福岡県福岡市の博多にそれぞれ櫛田神社がある。元寇の時期、朝廷は御院領である神崎荘園に東妙寺を、この神崎荘園の倉敷である袖湊（博多）に大乗寺を造営して、「蒙古調伏」の祈禱所とした。文永の役（1274年）の元軍は、神崎荘園領とその倉敷である博多袖湊の東側にあった大唐街を攻めにきたのである。この大唐街は博多区の箱崎宮の周辺にあったと考えられている。

博多港はかつて「那の津」と呼ばれており、7世紀の難波長柄豊碕にあった難波宮があった地である。[1] 8世紀ごろの博多湾は、大陸文化の窓口であり、古代から多くの人々が遣隋使や遣唐使として、あるいは交易のために日本と大陸を交流した地である。もちろん、白村江の戦いの海軍基地でもあった。九州王朝の水軍大将阿倍比羅夫が東北津軽に遠征した際の基地でもある。遣隋使・遣唐使、遣新羅使の時代の湊であり、外国使節の応接の場と宿泊所を兼ねた「鴻臚館」（福岡城跡内）が那の津に設けられた。

8世紀後半から9世紀には、新羅・渤海・唐などから、多数の商人が博多を訪れるようになった。鴻臚館を舞台に交易が行われた。

中世の博多は、御院領神崎荘園の倉敷として「袖の湊」と呼ばれる人工の港がつくられた。11世紀の終わりごろから、「大唐街」と呼ばれる南宋人街が形成された。博多の東の箱崎や、博多の西

1　古田武彦説である。(http：//www.furutasigaku.jp/jfuruta/sinjit12/mizuno12.html 参照)。

の今津（福岡市西区）では、南宋で焼かれた碗など大量の輸入陶磁器が発掘されている。このころの日本と南宋との貿易を行ったのは、南宋から来航して博多に住み着いた商人・貿易商であった。博多には聖福寺、承天寺など宋風の禅寺が建設され、中国の港町のような町並みが形成された。[2]

博多とは、中国語で「土地博く、物品多し」という意味であるらしい。大陸に近い平戸の地よりも東の伊万里湾の御厨や志佐（現松浦市）の地のほうが土地も広く交易に便利であった。しかし、さらに東の伊万里や唐津のほうが土地も広く交易に適した地域であった。伊万里と唐津を抑えるためには、呼子が便利であった。松浦党の発祥の地であるこの伊万里や唐津よりも「土地博く、物品多し」の地を南宋人たちは「博多」と名付けたのであろう。大唐街は南宋人の町としておおよそ3千軒の商家が集まっていたのである。

この大唐街は文永の役の際に街全体が焼失した。すべての家が焼き尽くされ、多くの南宋商人たちが殺された。大唐街は元軍の火矢によって大火事となり、火事による大風が起こり、大火事の後大雨が降った。大宰府の水城の堤防まで退却して博多方向に燃え盛る火事を見ていた九州の侍たちは、やがて火事が大風となり、大雨となったのを見て台風と思ったのである。

元軍は大唐街を殲滅して南宋への資金援助と軍事援助の道を断つという当初の戦争目的を達成して九州から退却した。この元軍が退却した後の博多湾を見た九州の侍たちは、敵が消え去ったことを神に感謝して前日の大火事とそれによって発生した大風を「神風」が吹いたと書き記したのであろう。[3]

2　当時の日本人たちの大陸交易のための湊は有明海にあった。筑後川の河口の大善寺の荊津（おどろつ）、矢部川の河口の瀬高、菊池川の河口の高瀬の各港である。

3　『八幡愚童訓』には「合戦の翌日（10月21日）朝、海の方を見ると、モンゴルの船は一艘もなく皆帰ってしまった。今日はいよいよおしまいか、と嘆いていたのに、どうしたことか、と泣き笑いをした」とある。

図3-1 文永の役 博多大唐街を焼失させた蒙古軍勝利

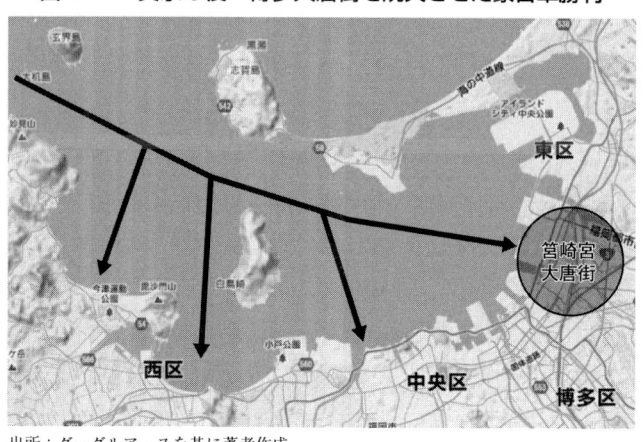

出所:グーグルアースを基に著者作成。

2 文永の役

文永の役（1274年）の都元帥（総司令官）は、モンゴル人の忻都である。右副元帥は洪茶丘（高麗人）、左副元帥に劉復亨（漢人）である。勢力は、元軍20万人、高麗軍5千600人、楫工5・水手6千700人が大船300艘、軽船300艘、補給船300艘であった。

同年10月に高麗の合浦（現在の馬山）から出向して、対馬島を攻め、14日には壱岐島に上陸して、16～19日には平戸方面に上陸した。10月20日の未明には、図3-1のように、博多湾岸に上陸して、毒矢や鉄砲などの兵器を使用して、上陸して統制のとれた集団戦法を駆使した。動員された九州の御家人等、武士たちは大宰府の北方の守りの「水城の堤防」まで逃げたのである。

日本側の総大将は少弐経資（49歳）であった。参戦した武将は少弐景資（29歳、経資の弟）、少弐資時（12歳、経資の子）、北条宗政（時頼弟、執権名代）である。少弐景資を中

---

4 副将に金方慶（きんほうけい；高麗人将軍）の名もある。
5 「舵取り」の意味。
6 「水夫」の意味。
7 阿部征寛著『蒙古襲来』教育社歴史新書—日本史〈59〉、教育社、1980年。
8 元寇の「竹崎季長絵巻」で有名な肥後の御家人竹崎季長は29歳である。

心に、大宰府に御家人たちが集結した。少弐氏は北部九州の守護である。日本軍の兵力は総数1万人である。北部九州の守護であった武藤資能(すけよし)、大友頼泰(よりやす)のもとに九州在住の武士や九州に領地を有する鎌倉幕府の御家人と地方武士団が集まったのである。

3 黄金の島「ジパング」

《船の大きさと船団の組織について》

マルコ・ポーロの『東方見聞録』にこの元の時代の船について、次のような説明がある。「大型船は2～3艘の小型船を伴って航海するが、この小型船には、60人、あるいは80人、あるいは100人の水夫が乗り組み、さらに、胡椒1千籠も積み込めるだけの貨物の積載量がある。…また、普通この大型船は10隻ほどの艀を積んでいて、錨をおろしたり、魚をとったりそのほかいろいろな用途に使う」(青木一夫訳『全訳マルコ・ポーロ東方見聞録』校倉選書、校倉書房、1960年、215－216頁)。

この記述は、文永の役のときの元軍の船団の編成についての予備知識となる情報である。

マルコ・ポーロの『東方見聞録』[9]において、日本(ジパング)のことを次のように書いている。

「ジパングは、東に向かって1千500マイル大陸から離れた島である。人々は、皮膚の色が

9　マルコ・ポーロ著、愛宕松男訳『完訳 東方見聞録〈1〉』平凡社ライブラリー文庫、2000年、平凡社。マルコ・ポーロ著、愛宕松男訳『東方見聞録 (1)』東洋文庫 (158) 1970年、平凡社。

白く、礼節の正しい、優雅な、偶像崇拝教徒である。いたるところで金を非常に豊かに産出し、個人は誰でも莫大な金を有している。この金は国外に持ち出されたことが無い。国王の宮殿の屋根は純金で覆われている。多量の真珠が産する。バラ色をした丸い大型の美しい真珠がある。」

「さて、この莫大な財宝について耳にした大汗、すなわち、今の皇帝クビライは、この島を征服しようと思い立った」（前掲書、217頁）。

元の太宗フビライ（皇帝フビライ＝ハン）は、文永の役で南宋の援南宋ルートを遮断するという戦争目的を果たしたにもかかわらず、却って、その経済的価値を知ったために、この日本を占領する作戦を企画したのである。

4 弘安の役[10]

(1) 日本側の備え

元寇に備える日本軍の兵力総数12万5千人で、北条実政が鎮西軍4万人を率い、博多の防備にあたった。元寇の際の守備位置は、図3-2のように、東側から順次、次のような配置である。

箱崎浜（大友氏、島津氏）、博多前浜（少弐氏と筑前勢）、博多袖浜－冷泉橋（龍造寺氏）、博多荘浜（草野氏と外筑後勢）、生松原（菊池氏、肥後勢）、今津（日向、大隅勢）、肥前海岸（松

10　蒙古襲来絵詞は、大矢野種基・子孫に伝えられ、文政8（1825）年、大矢野門兵衛は保管を藩主細川氏に願い出て、以後蒙古襲来絵詞は藩主の細川家で管理された。細川家に管理が移されたころの19世紀初頭、肥後藩福田太宰が現在の蒙古襲来絵詞を前、後、二巻に調巻した。明治2（1869）年の廃藩置県によって、藩主の細川氏は大矢野家に蒙古襲来絵詞を返還。明治23（1890）年、大矢野十郎が明治天皇に献上し、以後、蒙古襲来絵詞は御物となった。

図3-2 弘安の役　元寇防塁と九州御家人たちの勝利

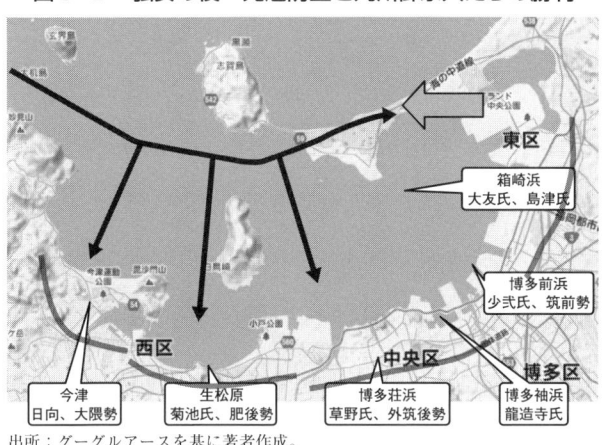

出所：グーグルアースを基に著者作成。

(2) 弘安の役

元の皇帝フビライ＝ハンは1276年に南宋の都臨安を陥落させ、南宋を滅ぼした。フビライからの使者が鎌倉幕府によって斬首されたことにより2回目の元寇がきたのである。

弘安4（1281）年、アラカンを総大将とする軍勢が日本へ進出した。東路軍は、合浦から4万人、江南軍は、南宋の慶元（現在の寧波）から10万人で構成されていた。元軍の兵力総数14万3千人（東路軍は4万2千人、900艘であり、江南軍は10万人、3千500艘）であった。

5月3日、東路軍は朝鮮半島の合浦を出発した。対馬、壱岐を侵略して、一部は長門を侵攻した。東路軍は江南軍を待たずに、6月6日、博多湾の志賀島、能古島の海上に姿を現し戦闘状態に入った。6月6日の夜半から6月13日まで、博多湾内の海上および陸上の一部で戦闘が行われた。しかし日本側は石垣の防塁をつくって備えていたために上陸ができず、

浦勢、肥前勢）。

---

11 元軍の兵力総数は32,300人（元・高麗連合軍戦闘員25,600人、水手・大工6,700人）であり、元兵の他に、金や南宋の降伏兵などが加わった20,000人の部隊と、高麗兵によって構成された12,000人の部隊で構成されていた。

また夜討ちによる夜襲で相手を撃退して元軍はいったん壱岐沖に退却した。
日本軍の激しい防戦にあって東路軍は上陸侵攻を阻まれ、壱岐島に撤退した。江南軍は、6月15日以前に東路軍と壱岐で合流する予定であったが、中国の慶元を出発したのは6月18日。7月に入り平戸島付近で両軍は合体、7月22日、肥前の鷹島に侵攻した。その鷹島は、松浦党の本家の島であった。7月27日に主力軍を隣の鷹島に移した。7月30日夜、暴風雨が吹き荒れ、大型台風が北九州地方を襲い、5日間にわたり海が荒れたため、元軍は壊滅状態になり、高位の将兵は約10万の兵を置き去りにして帰還してしまった。生還者は3万数千人といわれている。2～3万の兵を捕虜としたとあるが、残りの7万人がどうなったかは不明である。

江南軍3千500艘（900艘、大船300艘、軽疾舟300艘、給水用小舟300艘）、10万人、生還者は3人のみである。東路軍900艘（大船300艘、軽疾舟300艘、給水用小舟300艘）+2千600艘、4万2千人であり、生還者は1万9千397人である。

1294年にフビライが死去し、元の国内で内乱が起きたために日本遠征はなくなり、3度目の元寇はなくなったのである。

（3） 江南軍が遅れた理由「ボート・ピープル説」

江南軍3千500艘、10万人が出航と渡航のために時間を要して遅れた理由は、次のような要因があったと説明されている。

①出航の準備に1カ月間かかった。②東シナ海を越えるのに1カ月かかった。③1カ月間平戸・江迎・田平に停泊した。④本隊は伊万里湾の鷹島を攻略した。

ここで、江南軍と東路軍について単純比較すると、次のようなことがわかる。

東路軍の900艘、4万2千人は、平均47人/艘（4万2千人÷900艘＝平均46・67人/艘）であり、小型船のイメージである。しかし、マルコ・ポーロの説明を借り、大船に100人程度と軽船に30人程度、補給船に10人程度のセットであると考えれば軍事的には合理的な数字であるだろう。

しかし、江南軍の3千500艘、10万人は、平均29人/艘（10万÷3千500艘＝平均28・57人/艘）であり、さらに小型船の集団であるかのようなイメージなのである。この差は異常であると考えるべきである。

東路軍のなかには、高麗人が大量に乗り込んでいる。同様に、江南軍のなかには南宋の敗残兵が残っているのである。ここで、先ほどのマルコ・ポーロの説明を参考にして、江南軍の本隊が東路軍の4万2千人、900艘と同じであると仮定すると、残りの約6万人（＝10万人－4万人）は2千600艘（＝3千500艘－900艘）となるのである。これは1艘当たり23人の小舟であるということを意味している。すなわち、江南軍の10万人のうちの少なくとも6万人は、「ボートピープル」のイメージなのである。

前の(2)の「2～3万の兵を捕虜としたとあるが、残りの7万人がどうなったかは不明である」との回答は、1万人が戦死あるいは行方不明であり、6万人がボートピープルであるということ

5 生涯この島で過ごすことになった人たち（マルコ・ポーロの『東方見聞録』）

皇帝クビライは2人の貴族に大船団と騎兵、歩兵の大群を授けて派遣した。しかし、弘安4（1281）年、その貴族のアバカンとウオンサニチン（范文虎）が互いに嫉妬しあった。多くの平野や部落を占領したが、1つの都会さえも奪取できなかった。北風が猛烈に吹き出し、船を海岸から離したが、互いに衝突して難破した。2人の貴族は難を逃れた船で身分のある者だけを連れて帰国した。

図3-3からわかるように、九州は島であり、鷹島は九州とは別の島である。元軍の船は、伊万里湾の中で台風に揉まれたのである。

『東方見聞録』によると、「嵐のなか生き残った軍が敵国の大都を占領した。敵軍（日本軍）が大挙して攻めてきた。島中（鷹島）を逃げ回り、どちらにでも逃げられるように島の中央の高く隆起したところに集まった。敵の船が空っぽなのを見て、奪い取り、向かいの都市・首都を占領

12　鷹島は、松浦党の本家の基地であった。

図3-3 弘安の役 鷹島周辺図

出所：グーグルアースを基に著者作成。

した。この島の軍旗と王旗を抱えて進軍し、大汗の軍はこの首都（今福か志佐であろう…下松浦党本家の首都）を占領した。鷹島から帰ってきた兵で首都は包囲された。7カ月間もちこたえたが、帰国の望みなく、生涯この島で過ごすことを条件に降伏した」（著者要約）とある。

この『東方見聞録』から、次のことが理解される。

「金は豊かに産出」するということは、日本は産金国であったことを示している。そして、「商人さえもこの島に来ない」とは、貿易商人は南宋人であり、日本人は貿易を行っていない様子である。また、「君主の宮殿」とは、奥州平泉の藤原氏の「金色堂」であるだろう。

弘安の役（1281年）に際しては、元軍は「多くの平野や部落を占領した」とあるが、平戸の江迎や松浦市の志佐周辺のことであろう。また、本隊が鷹島周辺に居たときに、「北辺が猛烈に吹き出し」とあることから台風が来たことを説明している。このとき、台風の難を逃れて「別の島に3万人は上陸した」とある別の島とは、鷹島であろう。戦闘部隊の本隊4万人のうちの3万人が助かって鷹島に上陸したという意

6 蒙古襲来と少弐氏

味である。『鷹島町史』には、「家を焼き、首を刎ね、生き残った者わずか2名」とある。「中央の高く隆起したところ」とは、鷹島の地形が正しく伝えられていると考えられる。その後、「首都」を占領したとは、松浦党の本家が居住する今福、あるいは志佐（現松浦市）であろう。首都を占領し、包囲され、7カ月間籠城したにもかかわらず、本国からの救援が来ないものと諦めた残党たちは「生涯この島で過ごすこと」になった。すなわち、日本の九州に帰化したという意味であろう。

このような外寇と移民という事件によって、この移民を受け入れた平戸松浦氏の勢力は十分に拡大したということが説明されるのである。

少弐氏とは、中世の北部九州の豪族である。源平争乱（1180〜1185年）の際に、平氏の家人から鎌倉幕府の御家人となった武藤小次郎資頼を祖とする一族である。武藤資頼は壇ノ浦の合戦（1185年）において平宗盛とともに平知盛の家人であった。しかし、武藤資頼は一谷の合戦（1184年）において平氏を見限り梶原景時の陣に投降し三浦義澄にお預けになった平氏の武将である。また、資頼は源頼朝の奥州入りに従軍し軍功を立て源頼朝に認められた。

13　下松浦党の本家志佐氏の本領である。
14　これ以後、九州では牛馬耕が始まり、有明海の干拓が始まるのである。この有明海の干拓の技術は万里の長城の土盛りの技術であることが知られている。興味がある人は『白石町史』を参照されたい。

鎌倉幕府のもとで九州を治める鎮西奉行には、最初は天野遠景が任命されたが、九州の有力な御家人や太宰府の官僚、荘園の役人等に排撃された。中原親能が新たに任命され、その代官として武藤資頼が大宰府に赴任したのである。

武藤資頼（少弐氏）は、筑前と豊前、肥前、対馬、壱岐の守護職となり北部九州を統率した。1245年、少弐資能は父の死の4年後（1332年）に鎮西奉行に任命された。12武藤資頼の後を継いだ少弐資能は配下の管領惟宗（宗氏）重尚に命じて対馬の在庁官阿比留平太郎国時を討伐させて、以後、対馬宗氏が歴代島主となる。1258年に大宰少弐に任命される。

安達泰盛一族が北条貞時に討たれて滅亡した霜月騒動（1285年）の際に、九州では岩門の乱が起こった。下松浦党の本家今福氏とともに戦った弟の少弐景資（岩門）と安達盛宗が兄の少弐経資と北条方に討たれた。以後、肥前において少弐氏の影響力が衰退した。

同時に、両役の際の九州武士団の大将が異なっているのである。例えば、文永の役（1274年）の九州武士団の大将は、少弐資能の子であり、経資の弟である少弐景資（岩門の乱において肥後守護代安達盛宗側に就き共に滅亡する）であった。しかし、弘安の役（1281年）の際の九州武士団の大将は、少弐経資だったのである。

少弐景資は元寇の際には九州の武士団を統括した。少弐景資は資能の三男である。元寇に際し、大将軍として九州御家人たちの指揮にあたり、父の資能や兄の経資とともに蒙古軍と戦った。『八幡愚童訓』によると、景資は10月20日の博多湾沿岸での戦闘において「日の大将軍」であったといわれ、景資か彼の郎党が蒙古軍の副司令官の一人（征東左副都元帥）の劉復亨らし

15　宗氏は平知盛の子孫である。かつては、平知盛の家来であった武藤小次郎資頼が、主人の子孫を家来にすることがあるだろうか、という疑問を考えると、武藤資頼は平家の家来ではなかったと考えるのが自然である。

き人物を矢で射止める大功を挙げたともいわれている。弘安の役にも参陣して奮戦した。弘安の役以後の父資能の死後、兄の経資との間で家督をめぐる争いが起こり、弘安8（1285）年に鎌倉で有力御家人の安達泰盛と内管領の平頼綱とが対立した霜月騒動が起きると、景資は泰盛側に与して泰盛の子の肥後守護代安達盛宗とともに筑前で挙兵し、頼綱側に与した兄経資の追討を受け、居城岩門城で敗死した（「岩門の乱」）。享年40。

ここで、文永の役の際には、弟の少弐景資が大将であり、博多大唐街を喪失した。しかし、弘安の役の際には、兄の少弐経資が大将であり、鷹島の松浦党本家が滅亡した。この「岩門の乱」の後、九州の9カ国のうちの6カ国が北条一門の守護国となっているのである。すなわち、松浦党の平戸氏と少弐経資が江南軍を迎え入れた可能性が大きいのである。蒙古襲来の後、彼らは北条氏の博多支配の下で九州を分割したのである。

7 戦争目的を達成した元軍

以上見てきたように、文永の役は元軍・高麗軍の勝利であった。博多の宋人街（大唐街）を破壊し、南宋への援助を遮断したからである。

そして、弘安の役以後、松浦党の領地は変化した。上松浦党と下松浦党の本家今福氏が衰退し、伊万里湾の福島は上松浦党の領地から平戸氏の領土に編入田平氏・平戸氏が興隆した。

8 秘宝の陰に隠れる南宋官窯の陶磁器

され、鷹島は本家の今福氏から平戸氏の領土に編入されたのである。ということは、元が一方的に攻めてきたとか、台風（神風）が吹いて、日本（鎌倉御家人）が一方的に勝ったという意味での元寇ではなかったといえる。なぜならば、元は一方的に攻めてきたのではなく、台風（神風）も吹かなかったからである。鎌倉幕府（北条氏）は元寇後、少弐氏と松浦党本家の勢力が衰退した後の実質的な勝利者である。それ故に以後博多は北条氏一門の支配になるのである。

弘安の役は、東路軍と江南軍が少弐氏と松浦党のお家騒動・勢力争いに加担したものである。弘安の役により、松浦党の本家今福氏の影響力は低下した。江南軍の本隊以外の6万人は屯田兵として田平・江迎一帯に上陸して以後日本に残ったと考えられるのである。

二度の元寇の後、日本農業に牛馬耕が伝えられ、有明海の干拓が始まるのである。これが元寇、特に弘安の役の「江南軍ボートピープル」（移民）説の根拠である。

南宋時代、南宋の首都であった浙江省杭州には、中国皇帝の日常生活用の雑器として、陶器の上に青磁を施した罅青磁が南宋官窯の修内寺官窯で焼成された。同様に、中国皇帝の儀式用の器は、磁器の上に青磁を施した南宋官窯の効壇下窯で焼成された。元の時代にこの2つの青磁焼成の技術は廃れた。しかし、同時期に肥前の伊万里にはこの罅青磁を焼成する技術が伝わってい

るのである。この技術が後に鍋島藩窯の鍋島青磁となるのである。

オスマントルコの首都であったイスタンブール（東ローマ帝国時代はコンスタンチノープル）のトプカプ宮殿内には、エメラルドの短剣等の金やダイヤモンドで飾られた宝物がたくさん展示されているが、この展示室の裏に静かに王の日常雑器が展示されている。そのなかに南宋官窯の青磁の品が数多く展示されていることを多くの観光客は見逃して帰っているのである。

第4章

羽柴秀吉の「高松城水攻め」と秀吉の経済学

日本政府は東日本の復興のために15兆円から16兆円の資金が必要であると説明していた。その予算措置が遅れたために、被災地では復興・復旧の見通しさえ立たない状態が続いた。やがて復興債なるものを発行することによって、すなわち、復興債が売られて初めて復興資金が手に入るという理屈までつくったのである。しかも、心優しい国民は東日本の復興のためならば、国民負担増加となる増税やむなしという世論のもとで「復興増税によって、日本経済の景気が良くなるかもしれない」という錯覚までも抱くようになってしまったのである。

しかし実際には、東日本の復興のためには、そのような莫大な資金を政府は必要としないのである。「東日本復興政策」のためには、国民の増税も公務員の給与カットも必要ないのである。なぜならば、災害による被害額と復旧・復興のための必要資金額とは一致する必要がないからである。

歴史のなかには、時折、恐ろしく斬新な、しかも正しい経済理論がさりげなく経済政策として実行されていることがある。本章は、羽柴秀吉の「高松城水攻め」において、後のJ・M・ケインズが「有効需要の理論」と「乗数理論」として説明する「ケインズ経済学」が実践されていることを示し、東日本の復興のために増税を強いる政府に注意を喚起し経済政策の考え方について再考を求めるものである。

1　財務省は2011年12月2日、1月から復興債として発行する個人向け国債の概要を以下のように発表した。従来の個人向け国債と同様に変動10年、固定5年、固定3年の3種類があり、金融機関の窓口などで購入できる。変動10年の場合、初回の利率は年率0.72％である。財務省は今年度中に復興債を11兆5,500億円発行し、うち1万円から購入できる個人向け国債として1兆5,000億円販売する計画である。購入者には安住財務相からの感謝状を贈る（2011年12月2日22時30分 読売新聞）。

1 高松城の水攻め[2]

羽柴秀吉は、織田信長の命令により、毛利攻めの先鋒として、天正10（1582）年に、3万の軍勢を率いて備前（現在の岡山市周辺）から備中南東部に侵攻した。

毛利方は、備中高松城の背後を流れる足守川を絶対防衛線として防備を固め、信長軍の西方進出に備えた。「境目七城（高松・宮路山・冠山・加茂・日幡・庭瀬・松島）」と呼ばれる陣城を築き、兵力は総勢9千500であった。

松島城（兵800）・庭瀬城（兵1千）・冠山城（兵300）・加茂城（兵1千）・日幡城（兵1千）・宮路山城（兵400）、それに備中高松城（兵5千）の7城であり、兵力は総勢9千500であった。

羽柴秀吉は、当初この7城の位置と主城高松城を俯瞰することができる竜王山に布陣した。竜王山は高松城の東北方向にあり、毛利方の動きを一望することができ、守りやすく攻めにくい地形である。吉川元春の軍や小早川隆景の軍、あるいは毛利輝元の軍が来援してくる場合にその大勢をあらかじめ見ることができるという好条件を備えた山であった。

羽柴秀吉は、竜王山の本陣1万5千、南の平山村付近に羽柴秀勝5千、その南の八幡山に宇喜多衆1万を配置した。

羽柴秀吉は、最初に、高松城の右翼宮路城と冠城の2城と、左翼の加茂城と日幡城の両翼を取り除くことに決めた。

---

2 本文の内容は、吉川英治著『新書太閤記』（全11巻）吉川英治歴史時代文庫、講談社、2012年に基づいて説明している。

以下は、吉川英治の『新書太閤記』に基づいたまとめである。

秀吉の小姓組の市松（福島正則）は、わずか150の手勢で宮路城を攻め落とした。城の背後にある蓄水池である「水の手」を奪い水門を破壊すると、飲料水を奪回しようとした敵が這い上がってくる。これを上から岩や樹木、石ころを下に向かって投げつけて防いでいるうちに、山上に向かってくる敵兵がいなくなってしまった。市松は山を駆け降りて、宮路城に火を放ち、半分近くを焼き払ってしまって落城させたのである。

次に、備中冠城を攻め落としたのは、小姓組の虎之助（加藤清正）である。杉原七郎左衛門の手勢1千500人が包囲するなかを家来6人と忍びの20人で冠城に潜入した。守将林重真の部下で黒崎団右衛門と松田九郎兵衛が日ごろから私党を擁して仲が悪いことを利用して、城の中に流言を放ち、同時に城の各地に火を放って場内を攪乱させているうちに、杉原七郎左衛門の手勢1千500人が城内に討ち入って落城させたのである。

日幡城は弥九郎（小西行長）が策略によって落とした。弥九郎は堺の薬問屋の立場で日幡城に商いに行くうちに、守将の日幡景親の軍監として毛利から派遣されている上原元祐の家老の竹井惣佐衛門と懇意になった。剛骨な日幡景親と毛利元就の娘婿である上原元祐とは普段から意見が合わず城中に軋轢があった。密議の後、守将日幡景親は城内を巡視中に鉄砲で何者かに狙撃されて殺されてしまった。日幡景親暗殺の容疑で疑われた上原元祐は、毛利元就の娘である妻に討たれてしまった。上原元祐の妻は一緒に自害して果て、日幡城は落ちたのである。

図4-1　高松城周辺の築堤

水攻め前の高松城

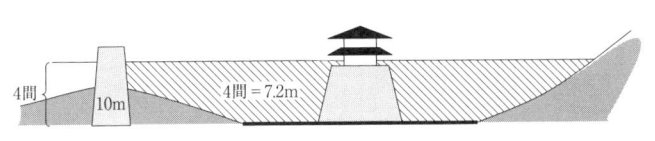

堤建造後、水攻めの後の高松城

このようにして、羽柴秀吉の軍2万が宇喜多軍1万とともに、この境目の城を次々と攻略して、残るは備中高松城だけになったのである。

毛利方の清水宗治が守る備中高松城は、平野の中心にあり、板倉宿から備中松山城へ至る松山往来沿いの要衝の地にあった。しかも、高松城は沼沢地に囲まれた平城（沼城）であり、図4-1のように、沼沢が天然の外堀をなしていた。沼沢と水面との比高がわずかに2間（3・636m）しかなく、人馬の進み難い要害の城であった。石垣を築かず土壇だけで築成されていた。1辺約50mの方形の土壇を本丸にして、堀を巡らして二ノ丸、三ノ丸がある「平城」であった。

高松城の包囲戦は攻城戦となり、毛利軍の清水宗治軍は難攻不落といわれた備中高松城に籠り、羽柴秀吉軍はこの城を包囲したものの攻めあぐねた。秀吉は参謀黒田官兵衛の献策を採用し、備中玉島の郷士の千原九右衛門勝則と黒田官兵衛の家来の吉田六郎太夫長利を奉行として、「水攻め」を断行して、兵糧攻めにした。[4]

吉川英治は『新書太閤記』のなかで「高松城水攻め」の可能

---

[3] 備前国主宇喜多氏の家臣という説もある。地元の地形に詳しく堤をつくる方法とその意義について充分に理解していた。
[4] 築堤工事奉行は、千原九右衛門勝則であり、最も重要な「蛙が鼻」の工事を担当した。足守川堰き止め工事奉行は、吉田六郎太夫長利であると、『高松城物語』にはある。しかし、吉田六郎太夫長利は、本章で紹介した、銭と米の必要額の計算と日々のそれらの出入りについての計算と業務を行ったと考えられる。

図4-2　堤の形と大きさ

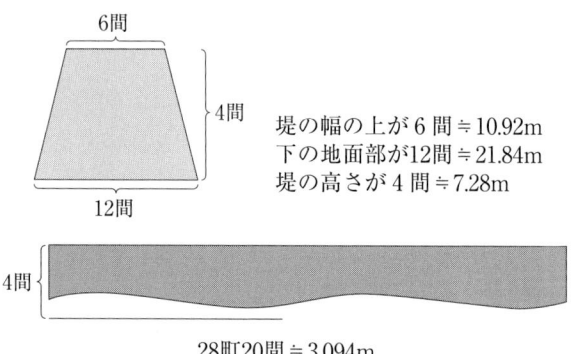

6間
4間
12間

堤の幅の上が6間≒10.92m
下の地面部が12間≒21.84m
堤の高さが4間≒7.28m

4間
28町20間≒3,094m

性について、黒田官兵衛に次のように語らせている。「高松城は平野と耕田の底地に位置し、周囲には手頃な山々を控え、くわうるに、足守川をはじめとし、大小七ツの河川が八方へ弄地しています。これを集めて平地の一カ所に注げば、あの城を、湖水の底となすことも、さして難易でもありません。」

この高松城の周囲は、本来盆地であり、高松極浅低平盆地（高松盆地）と呼ばれている。この高松城の西に松山往来がある。この松山往来の西側を囲むようにこの堤はつくられているのである。[5][6]

5月7日、羽柴秀吉軍は龍王山を降り、高松城の東に見える石井山に本陣を移した。その南側に堤防工事の下流側の尾根との先端である「蛙が鼻」がある。

高松城の東南の「蛙が鼻」から、周りを湿地帯に囲まれた高松城の周囲に28町20間（3千90m）の長さで、高さ4間（7・27２m）、上部の幅6間（10・9m）、底部の幅12間（21・8m）のスケールの堤が築かれた。この堤防は12日間で築かれたのである。6月の梅雨期であったために城の横を流れる足守川は増水しており、川の水を塞き止めて高松城の周りに引き込み、水は城の周辺

5　松山往来とは、山陽道の板倉宿から分かれて備中松山城（現高梁市）に至る道である。
6　天正6（1578）年、毛利氏によって落城した上月城の山中鹿介が備中松山城に護送されるとき、清水宗治はこの松山往来にて迎え酒肴で接待しているのである。武士道に生きる両人の出会いであった。

に188ヘクタールの大湖水をつくり、高松城は孤立した。

やっと救援に到着した毛利の援軍は、この水の中の高松城を前にして救援できず、秀吉軍と対峙した。秀吉は、高松城主清水宗治に利をもって降伏するよう勧めたが、義を重んじる宗治はこれに応じなかった。

高松城の籠城1カ月余を経て城兵が飢餓に陥ったころの、天正10（1582）年6月2日の未明、京都本能寺において織田信長は明智光秀に討たれた（本能寺の変）。秀吉は本能寺の変の情報を隠して毛利方の軍師安国寺恵瓊を招き「今日中に和を結べば毛利から領土はとらない。宗治の首級だけで城兵の命は助ける」という条件で毛利方と清水宗治を説得させたのである。宗治は織田信長が本能寺で撃たれたことを知らない毛利軍に講和を求めた。秀吉は、城主清水宗治の切腹で城兵の命を助けることを約束したのである。

高松城主清水宗治は、「主家の安泰と部下5千の命が助かるならば、翌日の6月4日切腹する」と自刃を承諾。翌朝、小舟に乗って高松城から出て、秀吉の石井山本陣の下にまで漕ぎ出し、秀吉から送られた酒肴で最後の盃を交わし、誓願寺の曲舞を舞い、次の辞世の句を残して自刃した。

「浮世をば　今こそ渡れ　武士の名を　高松の　苔に残して」

清水宗治、享年46歳であった。[7]

このとき、宗治の兄月清と毛利から派遣された軍監の末近信賀も同じ舟の上で、清水宗治を追って自刃している。

月清の辞世の句は、「世の中の　惜しまるるとき　散りてこそ　花も花なれ　色も色なれ」で

---

[7] 清水宗治の家中の白井与三衛門は、宗治切腹の前日の6月3日夜、宗治を招いて「明日の切腹に不覚をとられてはと自分が試して見ました」と腹十字に切って介錯を頼んだ。現在は、白井与三衛門は樫の鼻観音堂に祀られている。清水宗治の首は、石井山に祭られていたが持宝院境内跡から明治42（1909）年2月に掘り出して高松城内の首塚に祀られた。

ある。

末近信賀の辞世の句は、「君がため　身を高松に　留めおきて　こころは帰る古里の方」である。[8]

この荘厳な儀式を見届けた羽柴秀吉は、本能寺の変で明智光秀に討たれた織田信長の弔い合戦のために、京へ大急ぎで引き返したのである。これが世にいう「中国大返し」である。[9]

その後、「山崎の戦い」で明智光秀を破り、また、柴田勝家をも「賤ヶ岳の合戦」と「北の庄の戦い」で破って、羽柴秀吉は「天下統一」を成し遂げることになるのである。

2 堤建造の費用

『武将感状記』によると、この高松城水攻めの堤の総工費用（建造費用）は、「銭63万5千40貫文と米6万3千500余石」とある。人夫の報酬が「土俵1俵（60kg）運ぶ毎に、銭100文と米1升与える」という約束であることから、1貫文＝1千文であることを考えると、[10]635万400人分（＝635,040貫文×1,000文／貫文÷100文／人）の支払いであったことがわかる。同様にして、100升＝1石であることを考慮すると、米の配給量も延べ635万400人分（＝6万3千504石）であることがわかる。[11][12]

また、12日間で延べ635万400人が働くということは、単純に割り算すると1日当た

8　この主従を介錯した国府市之允は首を検死役の堀尾茂助に渡し、胴を池の下丸に葬り自分もその穴へ自ら首をはねて殉死した。現在の高松城跡にある胴塚がある所である。
9　月清の馬の口取与十郎と宗治の身内七郎次郎がお供を願ったが許されなかったため差し違えて自刃した場所は、今日、星友寺（総門跡）として祀られている。
10　銭貨1,000枚の重さは、3.75kgである。
11　1石＝10斗＝100升＝180.39リットルである。
12　銭63,5040貫文であるから、米は63,540石である。

り延べ52万9千200人/日（＝635,0400人÷12日間）が働いたということである。1日当たり52万9千200人とは、1人が1日に10回土俵を運んだ場合の延べ人数とすると、平均1日に5万2千920人（＝529,200人÷10回）が参加したことになるのである。この人数は備前の各地や岡山周辺から調達された人夫の数であるとされ、秀吉の軍が3万人であることから見ても妥当な数字であると考えられる。

この莫大な堤の建設費用について吉川英治は『新書太閤記』において、次のように記述している。

「この巨額な米や金が、秀吉の陣中に用意してあるわけではない。征旅に五年に亙る中国陣では、多くの敵産も獲ているが、より以上莫大な数字に登る軍費を使っている。そうそう無限に安土からそれを仰ぐのも秀吉の本意ではない。」

すなわち、これだけの米と銭を秀吉は当時手元にもっていないのではないだろうかというのが吉川英治の感想である。しかし、何処かにあったはずであると次のようにも記している。

「この総費用をまかなう米と金の一部ぐらいは、宇喜多家の城庫にもあることはある。だがそれは万一の備えとして、枯渇させたくなかった。またいま、宇喜多家からそれを取り上げることは、山陽方面の経済上から観ても人心の影響から考えても、決して善策ではなかった。では、ない金、ない米を秀吉はどう捻出したのであろうか」

という問題が提議されなければならないのである。しかし、このように小説家の吉川英治は、具体的で明快な解決策を提示しえなかったのである。

今日の経済学を知る我々には、この疑問に対して明快な解答を提示することが可能である。そのヒントには、次の内容にある。

実際には、秀吉は当初、米は1日に1升だけ、銭は1日100文だけとして、あとの超過分は「付け」(債権)としていたのである。しかし、そのような条件では、人夫はあまり真面目に働かなかったのである。毛利の援軍と戦って負けるかもしれない羽柴軍のために働くことは無駄であり、リスクでさえあるからである。そこで、秀吉は人夫の働きはすべて土俵1俵毎に、現物の米1升と現金の銭100文をその都度渡すことにしたのであった。

(1) 米の量6万3千504石の内訳

秀吉が12日間で払った米の量は6万3千504石であった。1人1回1俵の土俵を運ぶと1升配られたから、延べ635万400人分 (＝635万400升) であった。秀吉は、本当にこれだけの米を用意する必要があったのであろうか。

堤の総工費用の米6万3千504石とは、5万2千920人が12日間、土俵を1日平均10回運んだ報酬としての米の量である。1日に羽柴秀吉が配給するために必要とする米の量は、5千2百92石 (＝52,920人×10升) である。

6,350,400升÷12日間÷1升÷10回＝52,920人

64

当時の人は、1日米を約3合（0・3升）食べたと考えられている。すなわち、人夫1人では1日10升も米を消費しないのである。仮に、家族が4～5人いたとしても少なくとも8升が無駄になってしまうといえる。ということは、人夫の毎日の生活にとって無駄な米は、その日のうちに売るだろうということを意味している。

この時の人夫のほとんどが単身であったとすると、毎日158・76石（52,920人×3合＝158,760合＝15,876升）あれば、人夫たち1日の米の消費量としては充分なのである。残りの米は人夫から市場に売却されるのである。これを秀吉が市場において買い戻せば、その米はあらためて明日の人夫賃として配布することができるのである。

秀吉は、毎日、5千292石の米を配らなければならない。しかし、1人当たり1日に9升と7合の米が市場に売られるのであるから、秀吉が人夫たちから買い戻す米の量は1日当たり、5千133・24石である。

9升7合×52,920人＝513,324升＝5,133.24石

秀吉は、毎日人夫が食べてしまう米158・76石（＝5,292石－5,133.24石）を新規に調達し、市場から5千133・24石を買い戻せば、12日間の毎日の配布用の米を調達できるのである。すなわち、秀吉は、最初の1日目に5千292石の米を用意して、その後毎日158・76石の米を追加的に用意できれば、すなわち、合計7千38石36升（＝5,292石＋11日間×158.76石／日

=5,292石+1,746.36石=7,038.36石

の米があれば、12日間の工事のために必要な米6万3千504石を用意できたことになるのである。

すなわち、秀吉が用意した米の総量は6万3千504石ではなく、7千38石36升であったのである。秀吉が12日間で配った米の総量は6万3千504石であるが、9割7分の米が毎日秀吉のところに買い戻されるのであるから、秀吉が実際に用意すべきであった米の量は、配布した全部の米の約1割弱の7千38石36升なのである。

(2) 人夫の米売却による副収入と経済効果

これに対して人夫が商人に売り渡す米の量は1日9升7合である。人夫5万2千920人では5千133・24石である。商人は人夫から市場価格以下でしか買わないであろうから米商人の買い付け価格を1石当たり400文とし、秀吉には500文で売るとすると、秀吉が毎日5千133・24石の米を買い増すために使った銭は、1日2千566・620貫文（＝5133.24石×500文）であり、12日間では3万799・44貫文（＝2,566.620貫文×12日間）であったはずである。

米商人の人夫からの買い取り額は、2万4千639・552貫文（＝5133.24石×400文）であり、米商人の秀吉への販売額は3万799・44貫文（＝61598.88石×500文）である。そして米商人の利益は6千159・888貫文（＝30,799.44貫文−24,639.552貫文）である。

秀吉が米商人の利益に対して2割の税率を課すと仮定すると、1千231・9776貫文（＝0.2×6,159.888貫文）の税収があったはずである。そして、米商人の利益は4千927・910 4貫文である。

人夫は1日に9升7合の米を1石当たり400文で12日間売却して、4・656貫文（＝400文×12日間×0.097石）の現金収入を得たことになるので、人夫全体5万2千920人が12日間で、2万4千639・552貫文（＝0.097合×400文×12日間×52,920人）の現金収入を得た計算になるのである。

この人夫の副収入は、減税効果と同一の経済効果をもたらすと考えることができる。すなわち、経済全体の経済効果はマクロ経済学の租税乗数によって2万2千175・5968貫文であることがわかる。

$$\Delta Y = \frac{-c}{1-c} \Delta T = \frac{-0.9}{1-0.9} \times (-24{,}639.552貫文) = 22{,}175.5968貫文$$

この経済的取引の拡大に対して秀吉が2割の税を課すと考えるならば、秀吉の税収入は4千435・11936貫文（＝0.2×22,175.5968貫文）である。

(3) 三方一両得

人夫は余剰の米を売り現金に代えることができて満足であり、米商人は米売買で6千159・

888貫文の利益を稼いで満足であり、他の商人までもが商い繁盛で潤い、秀吉は本来の目的である高松城水攻めのための堤が完成し、税収まで入るのだから大いに満足だったはずである。[13] すなわち、戦国時代における羽柴秀吉的「三方一両得」のストーリーなのである。

3 運んだ土砂の量

先の説明から、堤の総工費用の銭63万5千40貫文とは、5万2千920人が12日間、土俵を1日平均10回運んだ額であるということを説明した。

52,920人＝635,040貫文/銭÷0.1貫文÷12日間÷10回/人

堤の長さが28町20間、堤の幅は上が6間、下の地面部が12間、堤の高さが4間であるため、堤の長さである28町20間は、3千90・94m となる。[14] 1間＝1・8182mと1町＝60間＝109・092mを考慮すると、1間＝1・8182mと1町＝109・092mを考慮すると、3千90・94mとなる。

堤の幅は上が6間（＝10・9092m）、下の地面部が12間（＝21・8184m）、堤の高さが4間（＝7・2728m）ということは、台形の面積を求める計算であり、119㎡となる。[15]

高松城の西側の堤をつくる場所は高松城周辺域の低地地帯よりも2間程度高台にあったこと

13　秀吉の税収入は、これだけではない。人夫の毎日稼ぐ銭1貫文からの消費がもたらす商取引からの税収も入るのである。

14　すなわち、3090.94m＝28×109.092m＋20×1.8182＝3054.576m＋36.364mから計算される。

15　この関係は、次のように計算することができる。
面積＝（6間＋12間）/2×4間＝9間×4間＝9×1.8182×4×1.8182＝119.0106446㎡≒119㎡
容積＝3,090m×119㎡＝367,710㎥

4 12日間の人夫の収入と生活

が当時の地形図から容易に想像されることと、地面の起伏によって、堤建設の高さが少なくて済むところが多々あるため、堤の工事による嵩上げは平均の2間程度と考えることができる。すなわち、堤の容積は18万3千855㎥となるのである。

いま、土盛りによる圧密沈下を1・1とする。また、土の比重は1・9とする（道路土工指針・日本道路協会）と、堤建設のために必要な土砂の重量は38万4千256・95tになる。これだけの重さの土砂を1人が1俵（＝60kg）ずつ運ぶためには、延べ640万4千282・5人の労働が必要である。ここで、簡単な仮説例による堤の容積から導き出される延べ640万4千282・5人の必要労働数と『武将感状記』による堤の総工費用の銭63万5千40貫文から計算される、延べ635万400人の実際に払われた額に対応する労働者数は、ほぼ同数であるとみなすことができる。

1人が1日に米10升と銭1千文を稼ぐということは、1人が1日に米を1斗（＝10升）と銭1貫文（＝100文／回×10回）の収入となることを意味する。これを12日間続けると米12斗と12貫文（＝12×10回／日×100文／人＝12,000文）となる。しかし、銭1千文とは銅銭1千枚（＝3・75kg）である。重いであろう。米が1日10升も要らないように、銭もそんなに沢山はもち歩け

---

16 3,090m×119㎡×2÷4＝183,855㎥である。
17 容積×厚密沈下×比重＝183,855㎥×1.1×1.9＝384,256.95 t である。
18 重さ÷1人が1回当たりの運ぶ量＝384,256.95 t ×1000kg / t ÷60kg／人＝6,404,282.5人

ない。もち歩くには重すぎるのである。預けるには銀行も郵便局も無い時代である。人夫はできるだけ身軽なものに変えて保有しようとするであろう。すなわち、貯えのための消費活動が毎日毎晩繰り返されることになるのである。

中国攻めの際、羽柴秀吉の本陣が定められると近くの村人たちは働きにきた者もいたといわれている。なかには残飯を乞いにきたり、商売のために野菜、菓子や針や糸の類を売りにきた者もいたといわれている。滞在が10日を越えると商人たちは露店を並べ出し、洗濯女や一杯飲み屋の酒瓶屋もつくられ、やがて市が形成されたのである。半月にもなれば遠郷や近国からも商人たちが集まり、市が開かれると旅人達も集まってくるのである。そして、やがて羽柴秀吉の軍の周辺は、小さな町のような賑わいとなっていった。

吉川英治は、以下のように記述している。

「羽柴秀吉は軍の行動を妨げないように場所を制限して市が形成されるのを許したのである。これに対して、織田信長の軍が進出する場合は違ったのである。信長の軍は求めても人は逃げてしまい、探しても物資は地下に蔵されてしまうのである。」

切腹するために蛙ヶ鼻の堤防の先に向かう清水宗治の小船は、高松城を取り囲む敵方の羽柴軍3万人と応援にきた毛利勢4万人、そして高松城に籠城する配下の兵5千人と町民500人、そして、水攻めのための堤建設による景気に沸く市に集う多くの民衆を前にして、共に籠城して辛苦を供にした家来の命を助けるために、小船の上で舞い、辞世の句を歌い、切腹して逝くのである。清水宗治の武士道が粛々と完結する舞台の背景としての

8万人以上の人々の群れという景色を如何に想像したらよいのか私にはわからない。武士(もののふ)のあわれは、見方を変えて庶民にとっては滑稽にさえ見えるものであるかもしれない。

5 経済効果と羽柴軍への税収

(1) 公共事業の経済効果

羽柴秀吉が、「高松城水攻め」の際に使用した米6万3千500余石が実は7千38石36升であったという話は前節で説明できた。次に、「高松城水攻め」の際に使用した銭63万5千40貫文の行方と秀吉の損得勘定である。毎日5万2千920人が1貫文目(＝1,000文＝100文×10回)のお金を12日間稼いでいるのである。銭貨1千枚の重さは約3・75kgといわれている。銀行もなく郵便局もない時代の人々は現金を速やかにモノに換えたのである。すなわち、軽い高価なモノを買ったのである。100文くらいは蓄えたとしてモノに換えたとして残りの900文は消費しあるいは軽い価値のあるモノに換えたと考えるべきであろう。そうすると毎日、市では5万2千920人が900文を消費するのである。合計57万1千536貫文目(＝52,920人×900文×12日間)が消費されるのである。この市の売り上げから得られた所得の増加分がさらに市において消費されるのである。

このような過程は、現代のマクロ経済学では、J・M・ケインズの『乗数理論』によって説明

されるのである。すなわち、秀吉の高松城攻めのために行われる堤造りという公共事業のために支出された銭63万5千40貫文は、この地域経済において635万6400貫文の経済波及効果をもたらすことが、以下のように説明できるのである。

いま、この地域の住民の限界消費性向を0.9とすると、銭63万5千40貫文の公共事業による乗数効果ΔY_Gは、支出額×乗数であるから、次のように計算することができる。

すなわち、

$$\Delta Y_G = \frac{1}{1-c} \times 635,040 貫文 = \frac{1}{1-0.9} \times 635,040 貫文$$

$$= 10 \times 635,040 貫文 = 6,350,400 貫文$$

すなわち、経済波及効果ΔY_Gは合計635万6400貫文であることが説明される。

(2) 秀吉の損得勘定

いま、羽柴軍のこの地域の商人たちに対する税率を20％とすると[19]、635万6400貫文の経済効果から得られる羽柴軍の税収は127万80貫文であり、米商人からの税収1231万9千776貫文と人夫の消費増加から派生した経済拡大からの税収が4万4351.1936貫文であるから、これを合計すると秀吉の税収合計は、131万5千663.1712貫文（＝44,351.1936貫文＋1,270,080貫文＋1,231,9776貫文）である。

---

[19] 当時の税率は40％程度であると考えたほうが適切かもしれない。しかし、現代的な意味で20％程度であるとした。

郵便はがき

1018796

料金受取人払郵便

神田支店
承　認
8188

差出有効期間
平成26年8月
31日まで

511

（受取人）
東京都千代田区
　神田神保町1-41

同文舘出版株式会社
愛読者係行

毎度ご愛読をいただき厚く御礼申し上げます。お客様より収集させていただいた個人情報は、出版企画の参考にさせていただきます。厳重に管理し、お客様の承諾を得た範囲を超えて使用いたしません。

図書目録希望　　有　　　無

フリガナ		性別	年齢
お名前		男・女	才
ご住所	〒 TEL　　（　　）　　　　　Eメール		
ご職業	1.会社員　2.団体職員　3.公務員　4.自営　5.自由業　6.教師　7.学生 8.主婦　9.その他（　　　　　　　）		
勤務先 分　類	1.建設　2.製造　3.小売　4.銀行・各種金融　5.証券　6.保険　7.不動産　8.運輸・倉庫 9.情報・通信　10.サービス　11.官公庁　12.農林水産　13.その他（　　　　　　　）		
職　種	1.労務　2.人事　3.庶務　4.秘書　5.経理　6.調査　7.企画　8.技術 9.生産管理　10.製造　11.宣伝　12.営業販売　13.その他（　　　　　　　）		

愛読者カード

書名

- ◆ お買上げいただいた日　　　　年　　　月　　　日頃
- ◆ お買上げいただいた書店名　（　　　　　　　　　　　　）
- ◆ よく読まれる新聞・雑誌　　（　　　　　　　　　　　　）
- ◆ 本書をなにでお知りになりましたか。
 1. 新聞・雑誌の広告・書評で　（紙・誌名　　　　　　　　）
 2. 書店で見て　3. 会社・学校のテキスト　4. 人のすすめで
 5. 図書目録を見て　6. その他（　　　　　　　　　　　　）
- ◆ 本書に対するご意見

- ◆ ご感想
 - ●内容　　　　良い　　普通　　不満　　その他（　　　　）
 - ●価格　　　　安い　　普通　　高い　　その他（　　　　）
 - ●装丁　　　　良い　　普通　　悪い　　その他（　　　　）
- ◆ どんなテーマの出版をご希望ですか

<書籍のご注文について>
直接小社にご注文の方はお電話にてお申し込みください。宅急便の代金着払いにて発送いたします。書籍代金が、税込1,500円以上の場合は書籍代と送料210円、税込1,500円未満の場合はさらに手数料300円をあわせて商品到着時に宅配業者へお支払いください。
同文舘出版　営業部　TEL：03-3294-1801

羽柴秀吉がこの堤建造のために支出した銭63万5千40貫文と米6万3千500余石の代金（1石＝500文と仮定する）[20]と3万1千752貫文の合計である66万6千792貫文（＝635,040貫文＋31,752貫文）である。

羽柴軍の純利益は、64万8千871・1712貫文（＝1,315,663.1712貫文－666.792貫文）であったことが説明されるのである。

すなわち、羽柴秀吉は、高松城の水攻めの堤構築作業によって、毎日現金収入を得てそれを日々の生活と蓄えとなる財の購入に充てる人夫たちと、それを賄い利益を得る商人たちとの間で行われる経済的取引の拡大の結果として税収を増加させ利益を上げたのである。

《今日的意義》

実は、吉川英治は堤建造の費用捻出について、次のように推察しているのである。

「あきらかな資料はないが、およそこういう局面にゆきあたるのは軍政上ままある慣だ。秀吉はまずこの地方の米を帳付（軍票）で買い上げたにちがいない。後払い制度の軍札以外には、占領地の山とか田とか御墨付きとして、功労があるとか、献納をしたとかいう、所の庄屋や豪農などへ下付したであろうことも疑いない。」[21]

しかし、現代の経済学においては、このような邪推は無用である。高松城を水攻めにするために堤を建造するという仕事をつくり、地域の雇用を増加させ、人夫たちの所得が増えれば、市が賑わい、商品が売れ、市を管理し支配する者にとっては税収が増えるのである。この増えた税収

---

20 100升＝1石であり、江戸時代を通して米価はほぼ1石＝1貫文＝1,000文であった。戦国時代や安土桃山時代の米価は1石＝500〜600文であったといわれている。
21 吉川英治著『新書太閤記』（全11巻）吉川英治歴史時代文庫、講談社、2012年。

6 平成の時代の無策

平成23（2011）年3月11日に起きた東日本の地震・津波の災害に対して、被害額は15〜16兆円であると説明して、これだけの額の資金がないと東日本の復旧・復興はできないと説明したかつて菅直人元総理大臣とか野田佳彦前総理大臣が日本にいた。被災者に対して地震で壊れた家、津波に流された家は自分で建て替えることを当然としながら、工場が流され、機械設備が流された工場の所有者たちに対しても、自分たちで工場を再建することを当然として、「二重ローン問題」ですら解決策を提案できない歴代内閣が、彼等被災者の被害額を自分たちの東日本再建のために必要な額であるかのような議論を展開したのである。当然、その根拠は一切ないのである。政府は火事場ドロボーである。

それにもかかわらず、この莫大な資金を獲得するために公務員の給与を削減し、国民には重税を課すという、復興のためには根拠のない再建政策のための資金集め策を国会に提出したのである。しかも、野党自民党もこれを是として愚かな政策を実現しようとしたのである。彼等は、被

で堤の費用の実費を払えば、堤建造費用も賄える計算なのである。羽柴秀吉は、J・M・ケインズよりも300年以上古い時代の「ケインジアン」[22]なのである。される財政政策の効果である。これがケインズ経済学で説明

22　J.M.keynes, "General Theory of Employment, Interest and Money", Macmmillan, 1936.

災者たちに対して誠意も無く、国民に対して経済理論なき愚かな政策を弄び、重税が日本を再建するかのような軽挙妄動の政策を実行したのである。
政治家の無能と無策は、国民にとって犯罪なのである。

計算注

《堤の建設費用と人夫の報酬》

銭635,040貫文	人夫の報酬： 土1俵運ぶ毎に	銭100文
米63,504石	人夫の報酬： 土1俵運ぶ毎に	米1升
人夫人数52,920人	銭635,040貫文 ÷12日間÷10回/人	米63504石 ÷12日間÷10回/人

《人夫の消費量；1人〜全員、1〜12日間》

	1日	12日間
消費量	3合＝0.3升＝0.003石	0.36石＝3.6升＝3合×12日間
販売量	9升7合＝0.097石	0.1164合＝0.097石×12日間
全員の消費量	158.76石＝0.003石×52,920人	1905.12石＝158.76石×12日間
全員の売り渡し量	5133.24石＝ 　　　　0.097石×52,920人	61598.88石＝ 　　　　5133.24石×12日間
売り渡し額	2,053.296貫文＝ 　　　　5133.24石×0.4貫文	24,639.552貫文＝ 　　　　2053.296貫文×12日間

《商人と秀吉》

商人購入量＝販売量	61,598.88石	商人の購入額	24,639.552貫文
商人の利益	6,159.888貫文＝30,799.440貫文－24,639.552貫文	商人の販売額	30,799.440貫文
商人の残存所得	4927.9104貫文＝6159.888貫文×0.8	秀吉の税収	1,231.9776貫文＝6,159.888貫文×0.2

《商いの活性化と秀吉の税収》

① 米商人からの税収：羽柴秀吉は、人夫の米商人への転売からの利益に対して1,231.9776貫文の税収を得る。

② 人夫の余剰米販売からの銭収入による消費活動から経済が活性化することによって、44,351.1936貫文の税収を得る。

$$\Delta Y_T = \frac{-c}{1-c} \times \Delta T = \frac{-0.9}{1-0.9} \times -24{,}639.552\text{貫文} = 9 \times 24{,}639.552\text{貫文} = 221{,}755.968\text{貫文}$$

羽柴秀吉は人夫の毎日の銭受取から発生する消費活動から経済が活性化することによって、合計44,351.1936貫文（＝0.2×221,755.968貫文）の税収を得る。

③ 羽柴秀吉は高松城水攻めの堤建造から税収を127,008貫文得ることができる。

$$\Delta Y_G = \frac{1}{1-c} \times \Delta G = \frac{1}{1-0.9} \times = 10 \times 635{,}040\text{貫文} = 6{,}350{,}400\text{貫文}$$

税収③　1,270,080貫文＝6,350,400貫文×2割

④ 合計1,315,663.1712貫文（＝1,231.9776貫文＋44,351.1936貫文＋1,270,080貫文）を得る。

⑤ 秀吉が堤建造のために使用した金額は、合計666,792貫文（＝635,040貫文＋31,752貫文）である。

⑥ 羽柴秀吉の堤建造のための事業による純利益は、648,871.1712貫文（＝1,315,663.1712貫文－666,792貫文）である。

第5章

士農工商と江戸時代の生活水準

1 農業経済のモデル分析

本章においては、日本経済の歴史について簡単な農業経済モデルを想定することによって考える。また、農業生産の発展とともに支配階層が発生し、ムラ社会から国へと経済が成熟する必然性を説明し、同時に、農業生産における分業の進化とともに商工業者が発生する過程について説明し、その経済的な意味を考える。

簡単化のために当初、経済全体の生産物は米を中心とした農業生産物だけからなる経済を考える[1]。このような想定は未だに産業において分業体制や流通システムがあまり発達していないような時代の経済について、すなわち、弥生時代から奈良時代を想定して考えることになる。しかし、このような単純モデルは、次第に商業や工業が発生し、発展していく過程を考察するための基礎モデルといえる。

いま、X を経済全体の1年間の米の生産量[2]、F を農業の生産関数、L を農業労働に従事する農家の労働者の人数、N を耕作可能な土地の面積、T を農業生産の技術水準とすると、農業生産関数は、次の（5・1）式のように表すことができる。

---

1 陸稲や小麦や稗、粟、黍などもあるが、まとめて米（稲作）として考える。
2 『古事記』や『日本書紀』の時代には、1年間に2度米の生産が行われていたようである。これを背景として、歳の取り方も収穫の度に歳を1つ取るように数えたのである。例えば、神功皇后は100歳で亡くなるが、現代的に歳を数えると50歳である。

図 5-1 食糧生産と最適人口

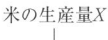

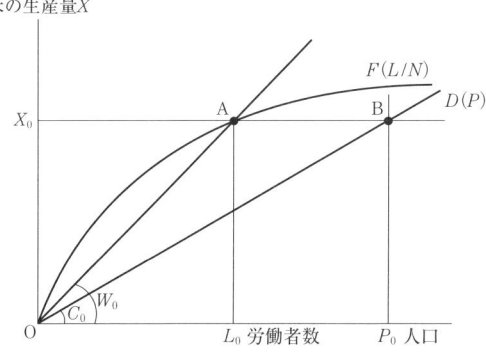

ここで、F_L は労働の限界生産性、F_N は土地の限界生産性を表している。F_T は技術進歩による労働生産性の上昇への影響を表している。この生産関数は、**図5-1**のような農業の労働生産性曲線として右上がりの、労働の限界生産性逓減を仮定した曲線として描くことができる。

$$X = F(L, N, T)$$
$$F_L(L, N, T) > 0, \quad F_N(L, N, T) > 0, \quad F_T(L, N, T) > 0 \quad (5\cdot 1)$$

ここで、農業経済において、初期値として長期的な定常状態を前提として議論する。すなわち、毎年の米の生産量が一定(X_0)であり、それ故に労働者数(L_0)と人口が一定である状態(P_0)として考察するのである。

このとき、農家の1世帯が1年間生活することができる農産物の量を制度的賃金として W_0 で表すと、次の(5・2)式のような関係が成立する。

$$W_0 = \frac{X_0}{L_0} \quad (5\cdot 2)$$

この関係は、**図5-1**の点Aと原点Oを結んだ直線の傾き W_0 と

---

3 この限界生産性の概念は、数学的には偏微分の概念で説明される。

して表される。この制度的賃金率は、農業部門における労働生産性よりも低い場合が想定されている。このような状態を「余剰労働力が存在する経済」（Labor Surplus Economy）という。ここで、ABの範囲は労働の限界生産性がゼロの過剰労働力の存在を説明している。産業革命以前の農業経済においては、このような過剰労働力が存在する経済が普通の状態であると考えることができる。[4]

《大化の改新と制度的賃金》

この制度的賃金とは、「大化の改新」（645年）で決められた日本の農業政策についての基本的な制度として解釈するならば、成人男子2反と女子1/3反を給付するという「班田収授法」[5]である。この法によると、それぞれの1反分が自分の1年間の消費生活のために必要な食糧の生産のために与えられる土地であり、残りの1反（男子）、あるいは1/3反（女子）が租税を納めるために耕さなければならない土地の面積である。

1反から生産される米の量は1石である。それぞれの単位の関係は、1石＝10斗＝100升＝1千合である。1年を陰暦の360日で割ると、1日に約2・8合である。すなわち、男子は1年間に2石生産し、1石を税金として納め、1石を自己消費するというものであるから、税率は50％ということになる。また、女子は1石を消費し1/3石を納税するので、税率は25％となる。「大化の改新」で決められた税負担は、男女平等の負担ではなく、女性には軽い税負担であることが説明されるのである。

---

4 このような2部門モデルは、Fei,J.C.H. and Ranis,G., "Development of the Labor Surplus Economy － Theory and Policy －", Richard D Irwin, 1964.の分析方法である。

5 6年毎に班田を実施し、6歳以上の良民の男子に2反、良民の女子と官戸・公奴婢にその3分の2、家人・私奴婢には良民男女のそれぞれ3分の1の口分田を与えた。大化の改新の後に採用された。終身の使用、死亡の際に国家に収めた。

《定常状態》

次に1人の労働者が生活を支える家族の数をα（≧1）とすると、この経済の定常状態での労働者の数L_0と人口P_0との関係は、次の（5・3）式で表される。

$$P_0 = \alpha L_0 \quad (5 \cdot 3)$$

経済全体の1年間の米の生産量を人口で割ると、この経済で安定的に生活するための1人当たりの米の消費量は、次の（5・4）式のように計算することができる。

$$c_0 = \frac{X_0}{P_0} = \frac{X_0}{\alpha L_0} \quad (5 \cdot 4)$$

この関係は、**図5-1**の点Bと原点を結んだ直線の傾きc_0として表される。このc_0は、人々が生活するための最低での生活水準である。

図5-1において、農業の労働生産性曲線は食糧供給曲線であり、人口がP_0、労働力がL_0のときの食糧の供給量はX_0である。直線OAは労働者家族全体の食糧需要線であり、直線OBは人口全体の食糧需要線である。点Aよりも右側の労働力数においては、食糧供給量よりも需要量のほうが超過しているために、この規模の農家数による生産能力においては、この人口規模を維持することが不可能な過剰人口である。あるいは、一定の農業労働者数のもとでの点Bよりも右側の人口規模になる場合には、食糧の不足が顕著になるために人口を維持することができない状態であることが説明される。

図5-2　支配階層と商工業者の発生・発展

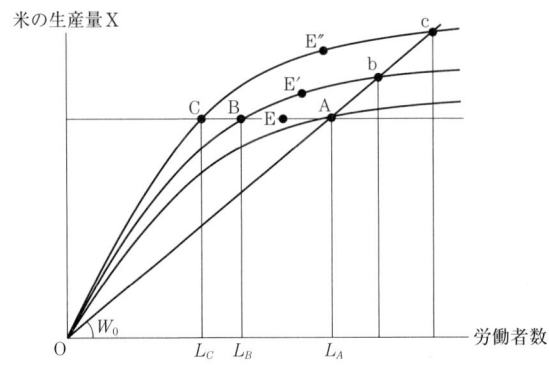

2 支配階級の発生

いま、未開拓地の開墾や新田開発によって耕作可能地の面積が増加（$\Delta N > 0$）したり、灌漑設備の充実（$\Delta T > 0$）があったり、その他の農業技術の進歩（$\Delta T > 0$）によって、農業の生産性が上昇すると、農業生産性曲線はOA曲線からOBb曲線、OCc曲線のように次第に上方にシフト・アップすることが説明される。

このとき、いままでと同じような農村共同体の社会を前提とすると、次第に人口が増加し、労働者が増加するために経済は図5-12における点bから点cへと移動することが想像される。農業においても共同体内での協働の農作業や共同の生活が重要であり、共同体をまとめる人が必要となる。人口の増加とともに他の地域との利権の競合や権益の争いも頻発することになる。このようなことは、邪馬台国の時代が騒乱の時代であったことからも想像できるであろう。このような社会的な諸問題を解決するためには、共同体社会の統率者が必要であり、共同体の内部の統率・社会の治安のためにも、また共同体の外部からの脅威に対しても

❸ 商工業者の発生と農業からの商工業の分離

武力の保有が必要となる。

このようにして、農業生産物の余剰が発生するとともに、共同体としてのムラ社会が他の共同体からの影響を排除して独立して生活を維持していくためには、武力を背景とした支配階級が発生すると考えることができるのである。

ことによって、単純に人口が増加するならば、点bや点cの方向に発展すると考えるであろう。しかし、より豊かな社会への発展を考えるとき、現実的には点E'から点E''の方向へ発展する経路を選択するであろう。BAの幅は最大限の支配階層（権力者）や商工業者の発生数を表している。すなわち、L_Bの労働者数でいままでの農業生産量を確保し、余剰のBAの幅（＝L_BL_Aの幅）の支配者数が共同体を守るために生活をすることが必要となるのである。支配者は社会秩序を守るための報酬として、支配者および家族が生活するために必要な農業生産物を受け取るのである。

農業生産性の上昇は、同時に、農業生産における分業が発生する。農業生産のために必要な農機具は次第に専門の農機具生産者によって生産・販売されるようになり、農産物を町（都市）に売りに行く者はやがて運送業者となり、販売した商品の売上代金の回収のための取り立て屋は金融業となる。このようにして分業が発達すると、支配者層の人たちが住む町（都市）でより豊か

図5-3 農業と商工業

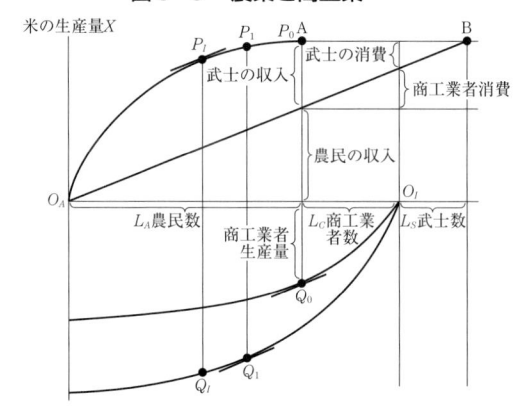

米の生産量X

P_1 P_0 A B
武士の収入 武士の消費
商工業者消費
農民の収入
O_A　L_A農民数　L_C商工業者数　L_S武士数　O_I
商工業者生産量
Q_0
Q_1 Q_I

な生活を求めて道具をつくったり商売しながら生活をする者が現れるのである。[6]

農業の労働生産性曲線がOBb曲線からOCc曲線へとシフトすると、いままでと同じ水準の農業生産量を前提とするならば、CAの幅の都市生活者（商工業者と支配階級の人々）が追加的に発生するのである。町（都市）はより多くの情報が集まるところであり、支配者への種々のサービスを提供する機能をもった人の集まる場となって、支配者階層の生活を中心に形成されることになる。

このようにして、町（都市）が形成されると農業部門からは独立した経済部門として商工業産業が形成されるのである。

図5-3においては、上の部分に農業の労働生産性曲線を描き、下に向かって商工業の労働生産性曲線を描いている。また、左の原点O_Aから右に農民数L_Aを取っており、右側の原点O_Iから左に向かって商工業者の人数を取っている。原点O_Iよりも右側はこの社会における支配階層（武士）の人数を表している。

商工業者の人数は、農業部門での家族を養うために必要な平均賃金率である制度的賃金率W_0によって決定される。すなわち、

6　芸術家や芸人も、このように生まれてくるのである。

84

商工業者の利潤極大条件を前提とすると、「労働の限界生産性＝制度的賃金率」の条件が満たされるように決定されると考えることができる。この制度的賃金率は、農業部門においては、O_AB線の傾きによって表されており、商工業部門においては、農業生産物と商工業生産物との相対価格を考慮した値として描かれている。すなわち、農業生産物価格P_Aを、商工業生産物の価格をP_Iとすると、相対価格pは、次の（5・5）式のように表される。

$$p = \frac{P_I}{P_A}$$

（5・5）

すなわち、商工業部門の賃金率をW_0とすると、制度的賃金との関係は、次の（5・6）式のように表される。

$$W_0 = \frac{P_I}{P_A} W_I = pW_I \quad \text{あるいは、} \quad W_I = \frac{W_0}{p}$$

（5・6）

このW_Iの大きさは、点Q_0や点Q_1における接線の傾きによって表されている。商工業部門において雇用されない人々は余剰労働力として農業部門において農業に従事することになるのである。ここで、余剰労働力とは、労働の限界生産性が制度的賃金率よりも低い状態の労働力規模の意味である。

4 江戸時代の人口と慶安御触書

慶安御触書とは、慶安2（1649）年に徳川幕府が百姓の生活を統制するために出したと伝えられる御触書である。32条と奥書よりなり、年貢を納めるために百姓が守るべき心構えを説いており、徳川幕府の農民観を示していると考えられている。

その主な内容は、次のようなものが有名である。

（1条）「公儀御法度を怠り地頭代官之事をおろかに不存扱又名主組頭をハ眞の親とおもふへき事」（幕府の出す法令を守り、役人に従うこと）

（5条）「朝おきを致し朝草を苅晝ハ田畑耕作にかゝり晩にハ縄をないたわらをあみ何にてもそれぞれの仕事無油斷可仕事」（早朝から深夜まで仕事をすること）

（11条）「百姓ハ分別もなく末の考もなきもの二候故秋二成候得ハ米雑穀をむさと妻子ニもくハせ候いつも正月二月三月時分の心をもち食物を大切ニ可仕候二付雑穀専一二候間麥粟稗菜大根其外何にても雑穀を作り米を多く喰つぶし候ハぬ様に可仕候飢饉之時を存出し候得ハ大豆の葉あつきの葉さゝけの葉いもの落葉なとむさとして候儀ハもつたいなき事に候」（麦・粟・稗などの雑穀を食べて、米を食いつぶさないようにすること）[7]

（16条）「百姓は衣類之儀布木綿より外ハ帯衣裏二も仕間敷事」（衣服は、麻と木綿に限ること）

7　米を食べるなという意味ではない。米を節約しなさいという意味として理解するべきである。

そして、この御触書の最後には、「年貢さへすまし候得ハ百姓程心易きものハ無之」(年貢さえ済ませば、百姓ほど心安いものは無い)と記しているのである。

この御触書を読むと、徳川幕府や各藩は、農民が生活のゆとりを残せないほど、厳しく年貢を取り立てて、「百姓は、生かさぬように、殺さぬように」統制したと説明されることが多かった。「百姓と胡麻の油は、絞れば絞るほど出るものなり」という言葉で説明されることが多かったのである。

しかし、慶安御触書を注意深く読むと、このような説明とは異なったイメージが浮かび上がるのである。例えば、次の6条は、飲酒や喫茶を禁じているのではなく、貨幣で酒や茶を買うことを禁じていると読むべきなのである。「酒茶を買のみ申間敷候妻子同前之事」(6条)(本人・妻子とも茶を買って飲まないこと)。

なぜならば、次の17条の文章は、百姓に貨幣を稼ぐことを進めているからである。すなわち、「少ハ商心も有之而身上持上ケ候様に可仕候其子細ハ年貢之爲に雑穀を賣候事も又ハ買候にも商心なく候得ハ人にぬかる、ものに候事」(商いの心が必要であり、年貢を納めるために雑穀を売るような才覚がないと人に抜かれる)と述べているのである。

例えば、19条において、「屋敷之前の庭を奇麗ニ致し南日向を受へし是ハ稲麥をこき大豆をうち雑穀を拵候時庭悪候得ハ土砂ましり候而賣候事も直段安く事の外しつ、いに成候事」(屋敷の庭をきれいにし候得ハぬかる、雑穀を拵候時庭悪候得ハ土砂ましり候而賣候事も直段安く事の外しつ、いに成候事)(屋敷の庭をきれいにしておかないと稲や麦、大豆の作業をするときに土や砂が混じって、売るときに値段が安くなってしまう損をする)とある。このように慶安御触書においては、百姓の貨幣経済へ

8　深谷克己『大系日本の歴史 9 士農工商の世』小学館、221-222頁、1988年。

の関与が前提とされていることが理解されるのである。[9]

《徳川時代の人口の推移》

次の表5−1と図5−4は、享保6（1721）年から嘉永5（1852）年までの日本の人口の推移である。享保6（1721）年の2606万5千425人から嘉永5（1852）年の2720万1千400人までの130年間の間に、多少の変動はあったものの、結果としては、わずか100万人程度の増加であることが理解されるのである。

この間、人口の増加が少ない理由の1つに、「飢饉」がある。享保17（1732）年には「享保の大飢饉」があった。そして、宝暦6（1756）年から宝暦13（1763）年にかけて人口が減少しているのは、「宝暦の飢饉」（宝暦3（1753）年〜宝暦7（1757）年）が原因である。

また、安永9（1780）年から天明6（1786）年にかけて人口が大きく減少しているのは、「天明の大飢饉」（天明2（1782）年〜天明7（1787）年）が原因である。同様に、天保5（1834）年から弘化3（1846）年にかけて人口が減少しているのは天保4（1833）年から天保10（1839）年の「天保の大飢饉」が原因であったであろうと考えられる。[10]

以上のことから、この時期には、農業生産性が上昇しなかったのではなく、農村労働者の増加は飢饉なども災いしてほとんどなく、しかし、都市生活者の増加によって農業以外の産業が発展し、経済生活が多様化して、人々の生活がより豊かになっていったことの現れであると解釈すべ

---

[9] 深谷克己『大系日本の歴史 9 士農工商の世』小学館、212-222頁、1988年。
[10] その他に、「元禄の飢饉」（元禄4（1691）年〜8（1695）年）がある。

88

表5-1 江戸時代の人口の推移（1721～1852年）

	西暦	人口
享保6年	1721年	26,065,425
享保11年	1726年	26,548,998
享保17年	1732年	26,921,816
延享元年	1744年	26,153,450
寛延3年	1750年	25,917,830
宝暦6年	1756年	26,061,830
宝暦13年	1763年	25,921,458
明和5年	1768年	26,252,057
安永3年	1774年	25,990,451
安永9年	1780年	26,010,600
天明6年	1786年	25,086,466
寛政4年	1792年	24,891,440
寛政10年	1798年	25,471,033
文化元年	1804年	25,621,957
天保5年	1834年	27,063,907
弘化3年	1846年	26,907,625
嘉永5年	1852年	27,201,400

出所：厚生省人口問題研究所編「人口政策の栞―統計数字から見た日本の人口―、昭和16年」1941年、153頁。

図5-4 江戸期は、飢饉によって、人口増加が抑えられた

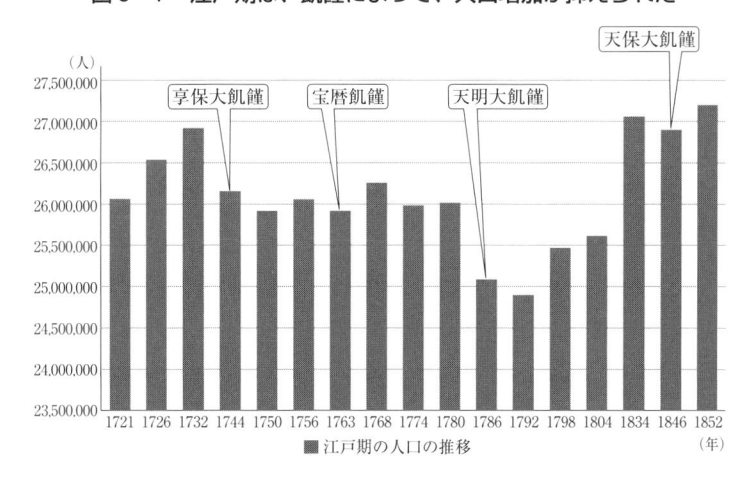

享保大飢饉　宝暦飢饉　天明大飢饉　天保大飢饉

■ 江戸期の人口の推移

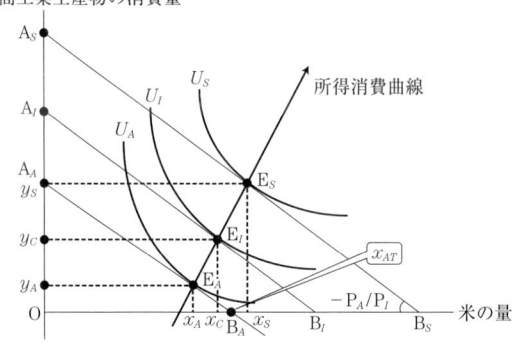

きなのではないだろうか。

5 士農工商

以上の議論を前提にして、江戸時代の武士階級、商工業者、農家のそれぞれの階層の経済生活について考える。すなわち、「士農工商」の社会の各階層の1年間の所得と効用水準の関係を説明し、米価と商工業生産との関係から各階層の生活水準がどのように説明されるかについて考察する。

《農家の経済生活》

いま、**図5-5**において、横軸に米の量、縦軸に商工業生産物の量をとる。

農家の所得は、横軸の米の収入と米以外の農産物の収入の合計を表すx_{AT}の大きさで表される。また、武士の所得は横軸の米の量では測ったOB_Sの大きさで表される。これに対して、商工業者の所得は、縦軸の商工業生産物の生産量で測ったOA_Iの大きさで表

図5-5 士農工商の消費者均衡点

される。

直線A_AB_A、直線A_IB_I、直線A_SB_Sは、所与の相対価格のもとで、それぞれ百姓、商工業者、武士階級の予算制約条件を表す線である。ここで、OA_Aの長さは、OB_Aの長さで表される米の価値と等しい商工業生産物の価値で表したものである。同様に、OA_Sの長さは、OB_Sの長さで表される米の価値と等しい商工業生産物の価値で表したものである。また、OB_Iの長さは、OA_Iの長さで表される商工業生産物の価値と等しい米の価値で表したものである。U_Aは農家の効用水準を表す無差別曲線、U_Iは商工業者の効用水準を表す無差別曲線、U_Sは武士階級の効用水準を表す無差別曲線である。点E_A、点E_I、点E_Sは、それぞれの階層の予算線と無差別曲線が接する点であり、農家家計、商工業者家計、武士階級の家計の効用極大点を表す消費者均衡点である。

ここで、横軸の長さで測られたx_A、x_C、x_Sは、それぞれ、農家家計、商工業者家計、武士階級の家計の1年間の米の消費量であり、縦軸の長さで測られたy_A、y_C、y_Sは、それぞれ農家家計、商工業者家計、武士階級の家計の1年間の商工業生産物の消費量を表している。

第6章

江戸の町民と武家の生活

1 米価変動の歴史

日本において米の価格（米価）という概念が登場したのは、貨幣が現れてからであろう。すなわち、飛鳥時代の「無紋銀銭」や「富本銭」（683年ごろ）[1]、奈良時代の「和同開珎」（708年）の出現以来の出来事であるということができる。それ以後、時の権力者によって貨幣の改鋳が繰り返されて銀銭と銅銭が相互に入れ替わりながら、貨幣で測った米価は次第に高騰を続けていくのである。その対策として政府によって、デノミネーション（デノミ）が実行されていくのである。このデノミの歴史が「皇朝十二銭」の発行の歴史である。

しかし、江戸時代までの日本経済は基本的に「米本位制」であり、物々交換経済が主流であったために、米などの生活必需品以外に選択の余地がなかった庶民や農家の生活においては、米価の変動はあまり影響がなかったのかもしれない。

古代の米本位制の経済社会においては、現代の「平等な社会」という概念とは別の意味で、貧富の格差がなかったのかもしれない。しかし、貨幣経済の発展とともに貧富の格差が激しい経済社会となっていったと想像することができるのである。戦争や不作による米不足の際や、改鋳による貨幣の質の低下に伴う米価の高騰の際には、公定価格制定や官米放出が繰り返され、貧しさのなかでの「善政」が必要であったのである。

---

1 『日本書紀』683年に「今より以後、必ず銅銭を用いよ。銀銭を用いることなかれ」とある。富本銭以前に流通していた銀銭と考えられる。

図6-1 銀建による米価の変遷

（銀匁／石）

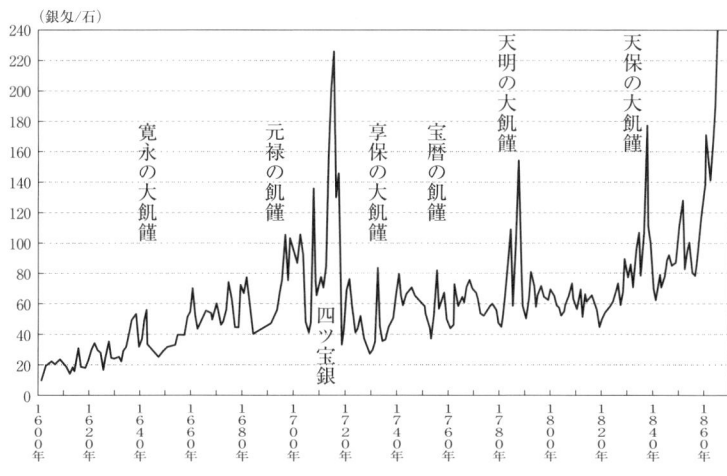

寛永の大飢饉　元禄の飢饉　四ツ宝銀　享保の大飢饉　宝暦の飢饉　天明の大飢饉　天保の大飢饉

出所：瀧澤武雄・西脇康編『日本史小百科「貨幣」』東京堂出版、1999年、三井文庫編『近世後期における主要物価の動態』日本学術振興会、1952年を基に作成。

鎌倉時代以後の宋銭の流入と国内流通によって、貨幣価値が安定すると、「1石＝1貫文」の米価が定着するようになる。社会情勢が不安定であったはずの室町時代から戦国時代にかけては何故か全国的に米価は低廉で1石＝500〜600文で推移していたことが様々な古文書から判明されている。農業の生産力に見合った人口規模であったことが推察される。

江戸時代は米本位制の経済社会である。江戸時代には水車が取り入れられ、河川の水が農業用地に取り入れられるようになったために全国的に水田が増加した。農耕技術の発展とともに農業における米麦の生産性の上昇とともに人口が増加し、商工業が発展していった。

すなわち、江戸時代は、日本経済が農業経済から商業経済へと変換する過程でもあった。米価の変動が不器用な武家たちの生活を苦しめる。一方、したたかな商工業者たちは、米価の変動さえも利益を生

第6章　江戸の町民と武家の生活

95

2 米と武家の生活

江戸時代のある武家（御家人）の家計について考える。

江戸に住む幕府の旗本御家人たちは、それぞれの家の格式に応じて石高が決められていた。江戸に住む武士たちは年貢として徴収された米をそれぞれの武家の石高の大きさに応じて俸給として毎年配給され、これを市場で売りさばいて貨幣に替えて暮らしをたてていたのである。武士の生活水準は米価の動向によって1年間に利用可能な貨幣所得が変動するために、米価と他の商工業生産物との相対価格が重要な関心事となったのである。もちろん、その家の主の役職と他の商工業生産物の相対価格が重要な関心事となったのである。旗本御家人は彼の石高に応じて毎年一定量の米を受け取るが、それぞれの家の格式に応じて家来や奉公人を何人かもたなければならないため、石高すべてがその武家の可処分所得とはならなかったのである。

このようにして配分された可処分所得のなかから家族の生活に必要な分だけの米を残して、残りは商工業生産物の購入にあてたのである。

ここでは、江戸時代のある武家（御家人）の家計について考える。

ある武家の石高に応じた米の年間受け取り量（可処分所得）をxとして、1年間の家族の生活に必要な米の量をx（＝米の消費計画量）、残りの商工業生産物の購入量をy（＝商工業生産

図6-2 武士の消費者均衡点

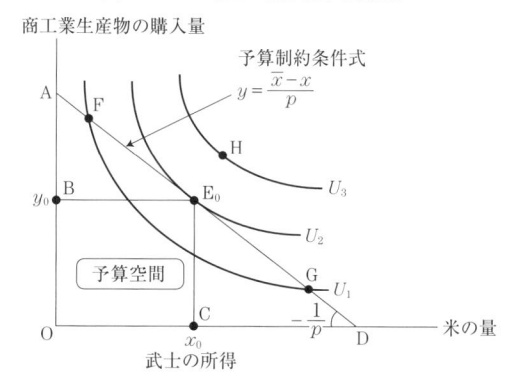

物消費計画量）とすると、この武家の可処分所得と商工業生産物の消費量は、次の（6・1）式のように表される。

$$y = \frac{\bar{x}-x}{p} \quad (6\cdot 1)$$

すなわち、家計の予算制約条件式は、次の（6・1'）式のように表される。

$$\bar{x} = x + py \quad (6\cdot 1')$$

図6-2において、横軸に米の量xを取り、縦軸に商工業生産物の購入量yを取る。AD線は、（6・1）式の予算制約条件を表している。ODがこの武家の可処分所得を表す米の量x_0であり、OAはこの米をすべて商工業生産物の購入にあてた場合の量である。米で測った商工業生産物の価格p（相対価格＝商工業生産価格／米価）はこの予算線の傾きとして表されている。

Uを米の量xと商工業生産物の購入量yから得られる満足度の指標としての効用水準を表す関数（効用関数）を、次の（6・2）式のように表す。

図6-2の曲線U_1と曲線U_2、曲線U_3は、米と商工業生産物の消費の組合せから得られる、武家の家計の効用関数に基づく無差別曲線群を表している。点Hは予算制約条件の外にある点であるから、効用水準は高いが実現不可能な消費の組合せを示す点である。点Fと点Gは予算制約条件上の点であり、実現可能な消費の組合せを表す点ではあるが、効用水準が点E_0よりも低い水準であるために効用極大化の仮説からは実現されない消費計画の組合せである。

家計は1年間の消費の組合せから得られる効用水準を極大にする行動をとること（効用極大化行動）を前提とすると、所与の所得$\bar{x}$のもとでE_0は消費者均衡点であることが説明される。ここで、OCはこの家計の米の最適消費計画量x_0であり、OBは商工業生産物の最適消費計画量y_0である。

点E_0の(x_0, y_0)は相対価格がp_0のときの、この家計の最適消費量の組合せを示す消費者均衡点である。また、この時の予算制約式は、次の（6・3）式のように表される。

$$\bar{x} = x_0 + p_0 y_0 \tag{6・3}$$

武家の家計は、このようにして配分された可処分所得のなかから家族の生活に必要な分だけの米を残して、残りは商工業生産物の購入にあてるのである。

図6-3 米価の上昇

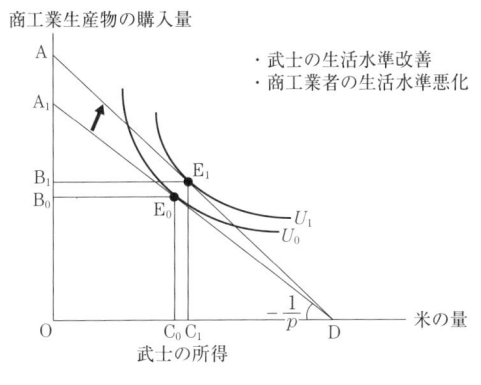

・武士の生活水準改善
・商工業者の生活水準悪化

（1）米価の変動と武家の暮らし向き

（6・1）式からもわかるように、米価の変動は武家と商人（商工業者）の経済生活水準に大きな影響を与える。社会全体について米の過不足が存在しない限りにおいては、米価の上昇は、商工業生産物の相対価格を低下させるために武家の実質所得が増大し効用水準が上昇するために、武家にとって有利である。しかし、商工業者にとっては実質所得が減少するために経済的状態が悪化するため不利であり、その一方、商工業者にとっては実質所得が上昇して経済的状態が改善するために有利である。また逆に、米価の下落は商工業生産物価格の上昇を意味するために武家にとっては実質所得の下落となって経済的状態が悪化するために不利であり、その一方、商工業者にとっては実質所得が上昇して経済的状態が改善するために有利である。

① 米価の上昇と武家の生活

いま、全国的な不作によって米価が上昇し、相対価格が p_0 から p_1 へと変化すれば、武家の実質所得は $\bar{x}/p_0$ から $\bar{x}/p_1$ へ増加するために、武家はより多くの商工業生産物の購入が可能となり武家の生活水準は、図6-3において点 E_0 から点 E_1 に改善されるので、

効用水準は U_0 から U_1 へ上昇するのである。逆に米価が上昇すれば商工業者の実質所得が減少して商工業者の生活水準は悪化するのである。

この時、武家の予算制約式は、次の（6・4）式のように表される。

$$\bar{x} = x_1 + p_1 y_1 \tag{6・4}$$

点 E_1 の (x_1, y_1) は相対価格が p_1 のときの、この武家の家計の最適消費量の組合せを示している。米価が上昇すれば商工業者が販売する商工業生産物の相対価格が下落する（$\Delta p < 0$）ために商家の効用水準は悪化するのである。すなわち、米価の上昇は商工業者や一般庶民にとっては生活水準の下落を意味している。

しかし、日常生活において必需品である米の価格の上昇は、やがて商工業者の生活費用を上昇させるために賃金の上昇となり、結局は商工業生産物価格の上昇となって市場に跳ね返るのである。ということは、米価の上昇によって実質所得が増加したはずの武家の生活水準（点 E_1）は一時的なもので終わり、結局はもとの生活水準（点 E_0）に戻るのである。すなわち、江戸時代の支配階層である武家の生活水準は、米価の上昇によってもその生活水準の持続的な改善は期待できないのである。

② **米価の下落と武家の生活**

国中が豊作の年は米価が下落する。米価が下落すれば毎年一定量の米を受け取る武家の実質所

図6-4　米価の下落

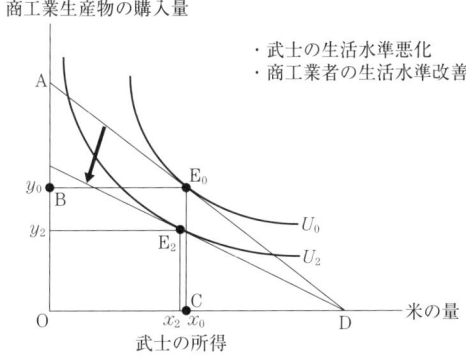

・武士の生活水準悪化
・商工業者の生活水準改善

得は減少する。すなわち、米価の下落によって武家の生活水準は低下するのである。逆に、米価が下落すれば、相対的に商工業生産物の価格が上昇するために、商工業者が販売する商工業生産物の相対価格は増加からp_2へ上昇する（$\triangle p \vee 0$）ために商工業者の実質所得は増加して、商工業者の生活水準は改善されるのである。

この時、武家の予算制約式は、次の（6・5）式のように表される。

$$\bar{x} = x_2 + p_2 y_2 \quad (6・5)$$

図6-4は、米価が下落した時を説明する図である。米価の下落によって武家の効用水準はU_0からU_2へ低下し、消費者均衡点は点E_0から点E_2へ低下する。点E_2は相対価格がp_2のときの、この武家の家計の最適消費量の組合せ(x_2, y_2)を示している。すなわち、江戸時代の支配階層である武家の生活水準は、米価の下落によって貧しくなり、そして逆に、米価の下落によって商工業者の生活水準は上昇するのである。

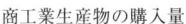

《米価の変動》

米価が短期的に大きく変動する原因は、米の収穫量が自然の変化との関係で大きく変動するためである。一般的には、米価が下落する時期は米が過剰に収穫された時期であり、米価が上昇する時期は飢饉や不作の時期である。

そして、長期的な米価変動は、米の需要量を決定する主要な要因である人口規模に関係している。

3 士農工商の消費者均衡点

以上の分析を背景として、江戸時代の士農工商、それぞれの経済状態と米価の変動との関係について考える。

いま、農民をAで表し、商工業者をCで表し、武士（侍）をSで表すものとする。x_Aとx_C、x_Sをそれぞれの階層の1年間の米の消費計画量とし、y_Sとy_C、y_Sをそれぞれの階層の1年間の商工業品の消費計画量とする[2]。U_AとU_C、U_Sを、農民、商工業者、武士の米と商工業生産物の消費計画から得られる効用関数として定義する。ここで、それぞれの財は限界効用が正であると仮定する。

$$U_A = U_A(x_A, y_A) \quad (6 \cdot 6)$$

2　各家計の米や商工業生産物の消費から得られる限界効用は正であると仮定する。

図6-5 士農工商の消費者均衡点

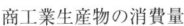

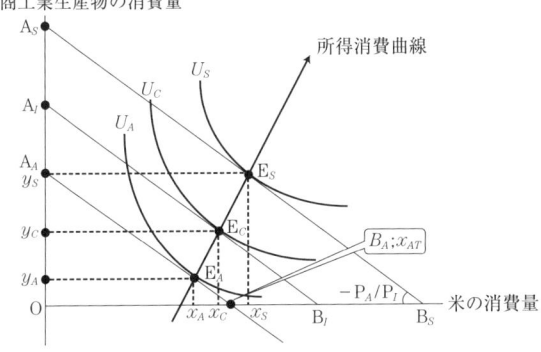

$$U_C = U_C(x_C, y_C)$$ (6.7)

$$U_S = U_S(x_S, y_S)$$ (6.8)

図6-5は、横軸に米の量 (x_A, x_C, x_S) を取り、縦軸に商工業生産物の購入量 (y_S, y_C, y_S) を取った図である。

U_Aは、農民の効用関数から導出される点E_Aを通過する無差別曲線である。同様に、U_Cは商工業者の効用関数から導出される点E_Cを通過する無差別曲線である。U_Sは武家の効用関数から導出される点E_Sを通過する無差別曲線を表している。

直線A_AB_Aは農民の予算制約線であり、毎年家族に残される米の量x_Aを通る直線である。この予算線の傾きは、米価で測った商工業生産物の価格（米の交易条件）である。米だけを生産する農民の生活においては、この米を販売して商工業生産物を購入することは不可能であるから、実質的に選択可能な意思決定は米の消費だけであることを示している。[3] すなわち、米の生産量がx_Aの農民の消費者均衡点は「コーナー・ソリューション」の状態である。

図6-5の点B_Aは米をx_{AT}生産する農民の家計である。A_CB_Cは商工業者の予算制約線であり、OAの幅の商工業生産物を生産して、

---

[3] そうでなければ、家族が飢えるからである。農民にとって、生活に必要なものはそれぞれの農家において「自給自足経済」なのである。

図6-6 米価上昇と士農工商の生活

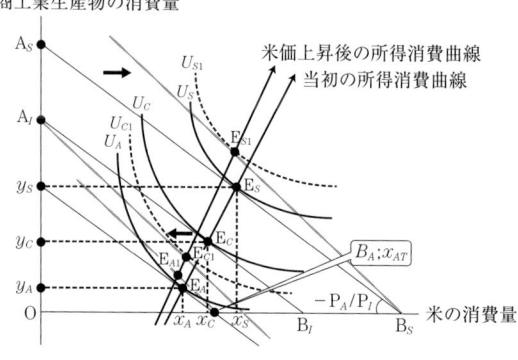

y_C の量を自家消費して残りを米と交換して消費する（$=x_C$）という意味である。$A_S B_S$ は武士の予算制約線である。A_S の量を毎年自家の石高収入として貰い、x_S の量を家族で消費をして、残りを商工業生産物に交換して y_S の量を消費するという意味である。

それぞれの効用極大化行動の仮定から、E_A は農民の、E_C は商工業者の、E_S は武士の効用極大条件を満たす消費者均衡点である。

《米価の上昇》

いま、米価が上昇した場合について士農工商のそれぞれの家計について考える。米価の上昇の各家計への影響については、**図6-6**によって説明することができる。

米で給金を受け取る武家にとっては、米価が上昇した場合には実質所得が増加し、米の量の増加とともに商工業生産物の購入量も増加することが説明される。これに対して、商工業生産物を生産・販売して、生活必需品である米を購入する商工業者にとっては、米価が上昇した場合には実質所得を減少させるために、米の量と同時に商工業生産物の購入量も減少することが説明されるのである。

104

図6-7 米価下落と士農工商の生活

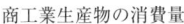

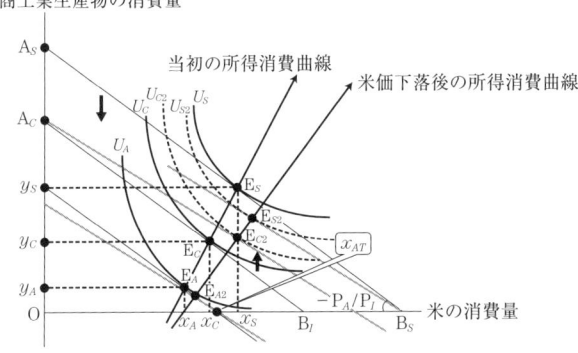

農民の消費者均衡点が最初から「コーナー・ソリューション」の状態にある場合は、米価の上昇からは独立である。どちらにしても、食糧としての米が最小限度しか残されていないために、農民が商工業生産物の購入を行う可能性はないのである。[4]

《米価の下落》

米価の下落の場合は、図6-7によって説明することができる。

米価の下落は、米で給金を受け取る武家の実質所得を減少させ、米の消費計画量と商工業生産物の消費計画量を減少させるのである。これに対して、商工業生産物を生産・販売する商工業者にとって米価の下落は、実質所得を増加させることから、米の量と商工業生産物の購入量増加が説明されるのである。

農民の消費者均衡点は「コーナー・ソリューション」の状態にある場合は米価の下落からは独立である。どちらにしても、食糧としての米が最小限度しか残されていないために、農民が商工業生産物の購入を行う可能性は少ないのである。

---

4 「百姓は、生かさぬよう、殺さぬよう」という意味である。

4 米価変動を抑えたシステム大坂堂島の先物取引市場

表6-1　江戸時代の帳合米取引

蔵からの購入価格	10月1日の直物価格	11月1日の直物価格	損得
45匁	50匁	40匁	50－45－40＋40
		60匁	50－45－60＋60

11月1日に10月1日の価格で売る約束をする
→11月1日の価格で買い戻す義務がある。

先物取引の相手	40－50＝△10　赤字 60－50＝10　黒字

堂島米会所は、徳川吉宗の時代の享保15（1730）年8月13日に大坂堂島に開設された米の取引所である。[5]

江戸時代は、大坂は全国の年貢米が集まるところであった。各藩の大坂の「倉屋敷」は、倉庫内の米の倉荷証券としての「米切手」の発行を行い、米切手持参人と米との交換や代金の送金や藩金融の窓口として重要な役割を担っていた。

米会所では米の所有権を示す米切手が売買されていた。現物取引（直物）は「正米取引」と、先物取引は「帳合米取引」と呼ばれた。帳合米は、実際に正米の受け渡しは行われずに、帳簿の上の差金の授受によって決済売買された。敷銀と呼ばれる「証拠金」を積むだけで、差金決済による先物取引[6]が可能であった。

この大坂堂島の先物市場取引とは、次のようなメカニズムである。いま、今年の米の購入価格が45匁であり、10月1日の米切手の価格（直物価格）が50匁とする。米商人は両替商から米切手を借りて50匁で米切手を売る。11月1日における米価が不確かであるために、米をもち越す

---

[5] 1730年8月15日に南町奉行大岡越前守忠相の名で「堂島米会所」は正式に認められた。
[6] この先物取引は、現代の商品先物市場の仕組みを世界最初に整備した市場であった。

106

図6-9 米価変動と先物市場、米価上昇のケース

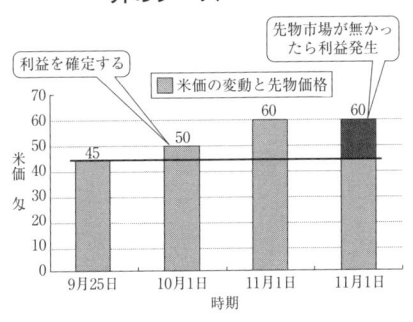

図6-8 米価変動と先物市場、米価下落のケース

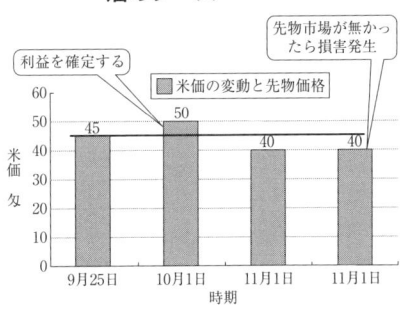

(1) 豊作で米価が暴落する場合

いま、米が豊作であり、10月1日に50匁で買った米が11月1日には40匁に下落したとすると、先物市場で米を買った人は10匁の損が発生する。米商人は、10月1日に米切手50匁で売っているので、この米切手を40匁で買い戻して両替商に返却するのであるから10匁の利益である。しかし、米商人は、米を45匁で買っているため、直物市場で40匁で売るので差し引き5匁の利益を確定することができるのである（図6-8参照）。

(2) 豊作で米価が暴騰する場合

逆に11月1日に米が60匁に暴騰すれば、先物市場で米を買った人は

ことは米商人にとってリスクがあるからである。そのため、10月1日の時点で利益を確定するために、米商人は先物市場でこの米切手を売り、11月1日にその時点での価格で買い戻す取引を行うのである。その後、この米切手で米を買い、販売するのである。

利益を得る。しかし、米商人は50匁で売った米切手を60匁で買い戻し両替商に返却するのであるから、10匁の損である。しかし、直物市場で45匁で買った米を60匁で売ることができるので、差し引き5匁の利益となるのである（図6－9参照）。

(3) 徳川吉宗の米価政策

徳川吉宗（1684～1751年）は八代将軍になって米価対策に苦労した。1石30匁であった米価が米価上昇政策期には60～65匁となったために、享保7（1722）年と享保8（1723）年ごろには米の上昇を抑えるために酒造米を減らしたり、米の空売りを禁止したりした。

しかし、享保12（1727）年ごろには豊作が続いたために米価は急激に下落した。徳川吉宗は、武士の生活を保障するために米価をつり上げる政策を採用した。地方の大名に命じて米市場への米の流入を抑えて江戸へ流入する米は、高間伝兵衛等8人の商人に独占させる方法（上米の制）を採用した。

ところが享保17（1732）年、西日本でイナゴの大量発生による凶作が起こり、江戸の米の値段は一挙に跳ね上がり米価は90匁にまで上昇し、狂乱物価になってしまった。西日本では餓死者が出るほどのひどい飢饉であり、江戸でさえ米を買えずに飢えるものが出るほどであった。そのため、江戸では打ち壊しが発生し、町民は米価引き下げの具体案を提示して、吉宗はこれまでの武士本位の米価政策を町民本位の政策に変えることになった。それによって、米価は元文元（1

108

5 水車考

　天から降ってきた雨が集まり、川となって海に流れ出るまでの水の力を利用した絡繰りが、水車である。水車から得られるエネルギーは、自然の力を利用したエネルギーである。日本の農業においては台風や梅雨によって大量の雨が断続的にもたらされることによって水田が潤されてきたのである。

　水車の歴史は古く、古代ギリシャにおいては、紀元前にはすでに小麦の製粉に使われてきたといわれている。水車に必要な歯車は紀元前3世紀にエジプトで使用されていたことがわかっている。

　日本において水車による製粉は、江戸時代に入ってから盛んになったといわれている。当時の水車は、搗き臼(つきうす)と挽き臼(ひきうす)とを兼用していた。稲の籾殻を搗いて表面を剥ぎ取って米を精米し、そしてまたアワやヒエ、そして蕎麦などの雑穀の精白と製粉を行っていたのである。

　『日本書紀』（720年）の「第22推古天皇の18年（610年）」にわが国最初の水車が登場する。「18年の春3月に、高麗の王、僧曇徴、法定を貢上る。曇徴は五経を知れり、且能く彩色及び紙墨を作り、并て碾磑(てんがい)造る。蓋し碾磑を造ること、是の時に始るか」とある。文中の碾磑とは、

水力を利用した臼である。

『徒然草』（1330年ごろ）の兼好法師は、「嵯峨の亀山殿の池に水をひくために、大井の百姓に命じて水車をつくらせた。たくさんの費用を出し、数日かかって仕上げたが、いっこうに廻らなかった。そこでこんどは、宇治[7]の村人を召してつくらせたところ、やすやすとつくってさしあげ、思うどおりに廻って水をくみあげた。なにかにつけ、その道を知っている者は、とうといものである」（51段）と書いている。これからも宇治の村人は実用性の高い水車をつくる技術をもっていたことがわかる。

7　宇治とは「海路」である。

第7章

旱魃と洪水の歴史——経済格差が始まる過程

1 津軽平野の開墾

農業社会において、個々人の間の経済格差・所得格差が発生する原因は、土地の所有と経営のあり方から説明することができるのである。すなわち、伝統的な土地制度のもとでの収奪の過程としてまじめに働いたにもかかわらず、自然の猛威に敗北した人々が小作人化する過程として説明されるのである。

この章においては、経済的生活の歴史のなかで人々の間に経済的格差が始まる原因とその過程について、津軽半島の岩木川流域の歴史的な事例と九州の筑後川流域の歴史的な事例を前提にモデル分析を行う。

農業は自然の恵みを頼りに生産活動が営まれる。江戸時代においては、荒れ地を整理して山から水を引いて川をつくり、水捌けの良い農地をつくってきた。あるいはこれまでの湿地帯に山の土を入れ、流れをつくって川をつくり、水捌けの良い農地を開墾していった。このようにして開墾された農地において、自然がひとたび猛威を振るうと農地は壊滅的な被害を受けたのである。自然の猛威は、その地を元の荒れ地や湿地帯に戻そうとする力として人々に襲いかかり、人々から恐れられる存在になったのである。

津軽半島の西側の平野は、江戸時代よりも以前の段階では、大きな湖が広がる広大な湿地帯で

あった。江戸時代に急激な開墾が進んだこの地域は、現在では岩木川の河口にわずかに広がる十三湖だけが残っている。

この地域の歴史は開墾の歴史であった。津軽半島の西側の七里長浜から吹く潮風がつくり出した数十キロメートルにわたる砂丘に松を十重二十重に植えて風を防ぎ湿地帯に土を入れて農地として利用できるように開墾したのである。いまでも、県道12号線の西側には当時の名残をとどめる池がため池として散在している。湿地帯のなかのクリークのような水溜りを開墾するとともに1本の河川としてまとめて岩木川の下流域を形成したのである。南部藩から辛うじて独立した津軽藩は毎年莫大な予算を投下して農地の拡大に努めたのである。

原則として新しく開墾された土地は、その土地の持ち主はその土地を耕す小作人を集める。他藩から流浪してきた人々が新しく開墾された土地の新しい小作人として雇われて住むのである。このようにして農地が次第に形成された津軽平野では、小高い丘周辺に古くから移り住んだ人の家屋と田畑があり、旧低湿地帯に新しく津軽平野に移り住んできた人々の家屋と田畑が広がっている。

（1） 定期的な不作によって農民が小作化する

農業技術が未発達の地域では、冷夏や旱魃（かんばつ）で農産物の収穫量が激減した農民は日々の生活を維持するために借金をせざるを得ない状況となる。

図7-1 不作によって所得減少と生活必需品購入のために借入

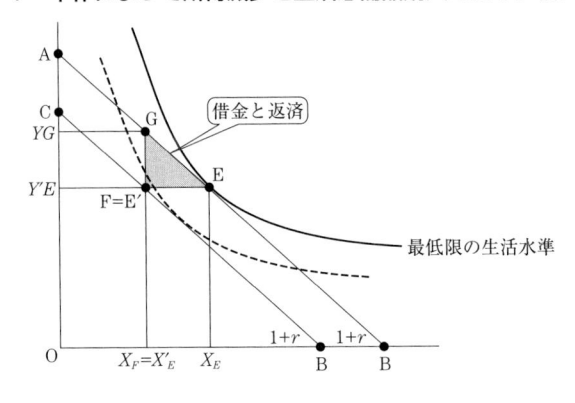

図7-1は、異時点間の所得と消費計画についてのモデルである。横軸に今期の生産量（所得）と消費量、縦軸に来期の生産量（所得）と消費量を取っている。

当初、今期と来期の収穫量（生産量）の組合せが点Eで表され、消費もこの点が消費者均衡点であるとする。このような定常状態[1]においては、来期の生産のための必要な籾や原材料はすべて再生産可能な量が維持されている状態であると仮定する。

いま、冷夏や旱魃などによって凶作が発生したために今期の収穫量が$0X_E$から$0X_F$へと減少した場合を考える。例年と同様の生活を維持するためには、$X_E X_F$の幅の食糧の借り入れ（借金）が必要である。ということは、来期の収穫量が平年並みである限り、来期の可処分所得は返済分だけ減少し、来期もさらに元本に利子を加えた分の借り入れを発生させなければならない状態となることが決定するのである。このようにして、農民の借金は数度の凶作を経験することによって累積的に増加し、毎年の可処分所得は累積的に減少することになるのである。やがて借金の返済が今期の収入以上になった時点で農民は土地を手放して小作人化していくことになるのである。

---

1 昨日の経済状態と今日の経済状態が同じであるように、明日も同じ経済状態であると期待されるような日々のことをいう。

114

図7-2　借入・借金の連鎖、返済不能の結果、土地を手放し小作化

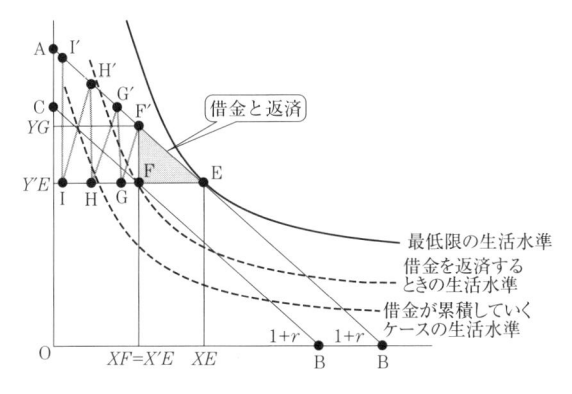

このような普通の農家が零細化し、やがて小作人化する過程は**図7-2**によって説明することができる。すなわち、今期借り入れの元本と利子支払を差し引いた来期の可処分所得と再来期の所得の組合せを表す点は点Gとなる。EGの幅で表される新しい借金を返済するためにはGHの利子が必要であり、次の時期にはHIの利子が必要となるように、次第に借金が嵩んでいくことが図示されるのである。

次に、このような零細化・小作人化の過程を東北の津軽の凶作の歴史を例にして考察する。

(2) 冷夏・凶作対水害

ここでは、定期的な凶作や水害が農村経済に与える影響について考える。

東北の北端の地、津軽半島のように3年に1回起こる冷夏や旱魃、そして雪解け水による水害が繰り返されると、やがて農民は借金の抵当に土地を手放し小作人となるのである。

小説『津軽』[2]において、太宰治は、次のように記述してい

2　太宰治著『津軽』新潮文庫、新潮社、1944年。太宰治の本名は津島修治である。津軽の中心部に位置する金木村の大地主の6男である。小作が300軒あったそうである。修治は子供の時に「地主の一族は地獄へ落ちる」という小説を書いて、三男（長兄・津島文治；衆議院・参議院議員・青森県知事）に叱られたという。彼のペンネーム太宰は奴隷の大将という意味であるらしい。これは、中国社会科学院経済研究所の馬家駒教授を古跡大宰府政庁跡（都督府跡）に案内した際に「太宰府という地名は奴隷の大将の住んでいる都という意味ですよ。日本人は恥ずかしくないのですか」と叱られたことがあるから得た知識である。

「その夜はまた、お互ひ一仕事すんだのだから、などと言ひわけして二人でビールを飲み、郷土の凶作の事に就いて話し合つた。N君は青森県郷土史研究会の会員だつたので、郷土史の文献をかなり持つてゐた。

『何せ、こんなだからなあ。』と言つてN君は或る本をひらいて私に見せたが、そのペエジには次のやうな、津軽凶作の年表とでもいふべき不吉な一覧表が載つてゐた。

元和一年　大凶、元和二年　大凶、寛永十七年　大凶、寛永十八年　凶、寛永十九年　凶、明暦二年　凶、寛文六年　凶、寛文十一年　凶、延宝二年　凶、延宝三年　凶、延宝七年　凶、天和一年　大凶、貞享一年　凶、元禄五年　凶、元禄七年　大凶、元禄八年　大凶、元禄九年　凶、元禄十五年　半凶、宝永二年　凶、宝永三年　凶、宝永四年　大凶、享保一年　凶、享保五年　凶、元文二年　凶、元文五年　凶、延享二年　大凶、延享四年　凶、寛延二年　大凶、宝暦五年　大凶、明和四年　凶、安永五年　半凶、天明二年　大凶、天明三年　大凶、天明六年　大凶、天明七年　半凶、寛政一年　凶、寛政五年　凶、寛政十一年　凶、文化十年　凶、天保三年　半凶、天保四年　大凶、天保六年　大凶、天保七年　大凶、天保八年　凶、天保九年　大凶、天保十年　凶、慶応二年　凶、明治二年　凶、明治六年　凶、明治二十二年　凶、明治二十四年　凶、明治三十年　大凶、明治三十五年　大凶、明治三十八年　大凶、大正二年　凶、昭和六年　凶、昭和九年　凶、昭和十年　凶、昭和十五年　半凶

津軽の人でなくても、この年表に接しては溜息をつかざるを得ないだらう。大阪夏の陣、豊臣

3　拙著「太宰治の『津軽』と経済学」青森中央学院大学地域マネージメント研究所、研究年報　第7号、2011年3月、125-134頁。

図7-3　5年に1度の凶作と小作化の過程

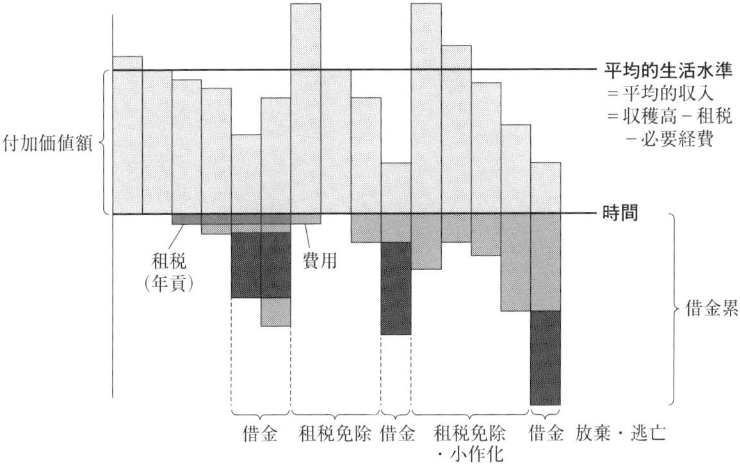

氏滅亡の元和元年より現在までの約三百三十年の間に、約六十回の凶作があったのである。まず五年に一度づつ凶作に見舞はれてゐるといふ勘定になるのである。」

江戸時代、津軽藩時代の津軽半島の歴史は、水害と治水事業、そして干拓事業と冷夏や旱魃との闘いであった。冷夏による不作凶作が繰り返し起こったのである。

多くの農民は、山形藩で凶作に会い、土地を捨てて秋田藩に逃れて開墾と農業に励んだ。しかし、再び凶作に追われて、津軽藩に流浪してきたという農民たちを受け入れたのが津軽藩であった。南部藩から独立して藩盛を計る弘前藩は、このような農民たちを招き寄せて新しい土地を与えて租税を暫く免除して、農業に励み、干拓事業や治水事業に参加させたのである。

しかし、やがて5年に1回の凶作がきて、農民たちは借金をして農業に励んだ。しかしまた、凶作がきて借金が累積するようになると、農民は土地を奪われ小作人となっていったのである。なかには、津軽を追われて、北海道の松前藩の領内に逃亡する農民もいたのである。こ

4　五所川原の勇壮な立佞武多の周りの跳ね徒の掛け声の「いてまえ、いてまえ」は自然の猛威に対する民衆の自らへの励ましに聞こえるのである。

2 筑後川の氾濫と農民の川への回帰

のような過程は、図7-3のようなイメージ図によって説明することができる。この図の横軸は時間軸である。縦軸上には収穫量から年貢や農業生産のための費用を引いた残りの付加価値額を棒グラフで表したものである。また縦軸下には、毎期、毎期の借金の累積額を棒グラフで表している。

他藩から流入してきた農民にとって、最初の4年間は藩から支給された物資などでどうにか蓄えがあって生活が続けられるであろう。しかし、やがて5年に1回の凶作によって、収穫量が激減し生活のために借金をしても、次の期の収穫量だけでは返済ができない。返済をすれば、やがて次の災害によって新しい借金ができるという状態が始まるのである。藩が年貢をまけてくれれば一時凌ぎの生活は可能である。しかし、このような5年に1度の凶作を何度か経験するに従って、藩の財政も窮屈になり、やがて農民はやっと獲得した土地を借金のかたに貸主にとられ、小作人となり、貸主は地主となるのである。

表7-1は、国土交通省筑後川事務所が筑後川の氾濫の歴史についてまとめたものである。江戸時代には40回以上の氾濫があったという記録である。津軽同様にこちらも5年に1度程度の筑紫次郎と呼ばれる千歳川（現・筑後川）の氾濫である。

表7-1　筑後川の氾濫

時代	1600年代	1700年代	1800年代	1900年代
氾濫の回数	14	25	45	20

図7-4　水害と小作化の過程　百姓は生かさぬよう、殺さぬよう

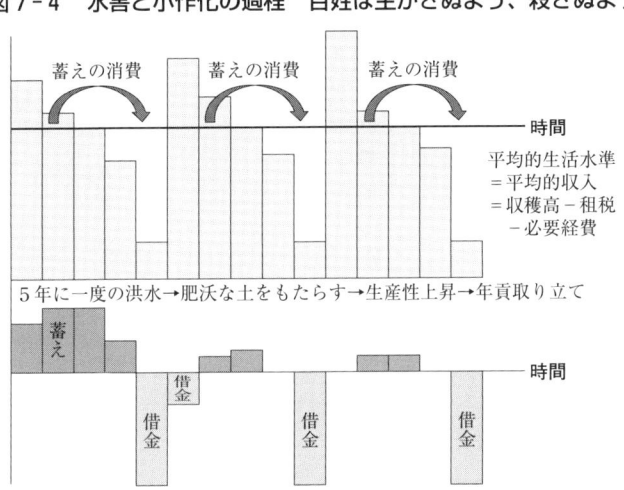

筑後川の氾濫は、津軽の凶作とは微妙に違うのである。5年に1度の川の氾濫は田畑を飲み込み、ある時は人や家までも飲み込んで下流に流し去ってしまうのである。しかし、その後は上流域から流れてきた土によって肥沃な大地として復活してくれるのである。

すなわち、土地生産性が低下した農地の生産性が洪水によって蘇るのである。人々は肥沃度の増した自分の田畑に戻り、再び、農耕に励むのである。生産性が上昇した農地からは次の年への蓄えができるのである。その蓄えをもとにして次の洪水に備えるのである。これが、筑後川流域の人々の生活であった。

以上の内容について図示すると、**図7-4**のようなイメージ図によって説明することができる。この図の横軸は時間軸

3 経済的格差是正のための政策的意味

「経済的格差が発生する原因は、生産要素の移動についての制限の存在にある」[6]という分析を基準にすると、移動性についての障害を除去することが経済的格差を是正するための経済政策の方法である。

しかし、江戸時代はそれぞれの藩が鎖国状態であり、しかも、領内の地域間や部門間の労働力移動でさえも容易ではなかったのである。明治時代になって藩境は消えても移動の自由は物理的に不可能であった。文明開化によって道路や鉄道などの交通手段が発達して

である。縦軸上には収穫量から年貢や農業生産のための費用を引いた残りの付加価値額を棒グラフで表したものである。また、下の図の縦軸上には毎期の余剰額（蓄え）を棒グラフに表したものであり、下に向かっての棒グラフは、毎期の借金の累積額を表したものである。

九州独特の台風被害や梅雨期の長雨被害が重なるという自然災害を考慮したとしても、筑後川流域の洪水被害によって農民が小作人になる確率は東北の場合と比較すると低いと考えられる。[5] しかし、このことは同時に藩の年貢の取り立てが厳しくなることを意味するものでもある。

---

5 このことは、筑後川流域の農民の生活は楽であったということを説明するものではない。例えば、享保の農民一揆のように、一揆勃発の前年までに22カ年間災害、天災地変が毎年続き、不祥事が間断なく続いていたのである。
6 男女差別や地域差別・宗教問題などの社会的な要因も格差の原因として存在するであろう。これらの障害を取り除くためには充分な時間と多額の経費が必要となるであろう。しかし、それ以上に移動を阻むものがそれぞれの労働者の教育水準や知識の範囲と質における格差の存在であろう。このような教育格差が労働力移動の障害になっている場合には、教育制度の充実や職業訓練制度などの充実や改善が必要となるのである。

物理的障害が取り除かれて初めて移動の自由が確保されるようになったのである。

本章においては、経済的生活の歴史の中で人々の間に経済的格差が始まる原因とその過程について分析した。津軽半島の岩木川流域の歴史的な事例と九州の筑後川流域の歴史的な事例については、定期的な凶作や水害が農民の生活を困窮化し、やがて個人間や地域間の経済的格差を生み出すことが説明された。このような状態において、自然災害が個々人に与える経済的問題はやがて経済全体の安定と成長のための重要な課題となり、その課題に対する政策の策定と実行が政府の役割であることを説明するものである。[7]

---

[7] 3.11以来の政府の対応において、最も欠けている復旧・復興政策が被災者個々人への経済的救済である。個々人への救済は彼ら個人だけのためではなく、その地域全体の活力の救済の問題であり、日本経済全体の復興の足掛かりとなるのである。

第8章

鎖国の出島貿易と開国の横浜貿易

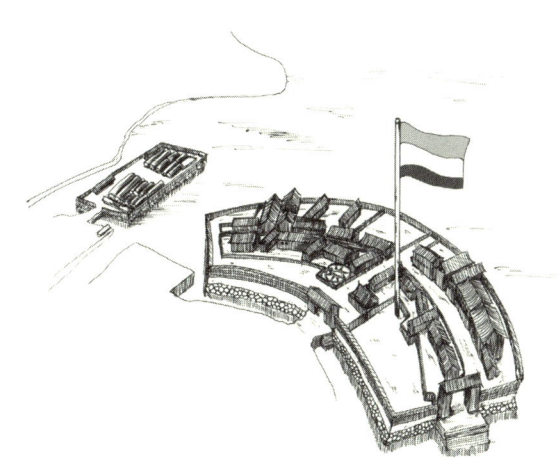

1 鎖国と出島貿易

江戸時代は、鎖国の時代であったといわれている。元和9（1623）年に、イギリスとの通商を断絶し、翌年の元和10（1624）年にはスペインとの通商を断絶した。元和15（1635）年には、日本人の海外渡航と在外日本人の帰国が全面的に禁止された。寛永16（1636）年には長崎の出島が完成し、そこにポルトガル人を住ませて貿易を許可した。清船との貿易も長崎の1港に制限した。しかし、寛永17（1637）年に島原の乱が起きたために、幕府はこれをキリシタンの反乱と考え、寛永19（1639）年に出島のポルトガル人を追放したのである。

本来の鎖国とは、外国人との交流を絶ち、日本人の海外渡航と在外日本人の帰国を禁止して、対外貿易を長崎でのオランダ商館と清船との貿易だけに制限した状態をいう。このようにして鎖国体制ができあがったのである。

しかし、厳密には、徳川幕府による管理貿易の時代であった。この管理貿易は、長崎の出島でのオランダとの貿易だけではなく、長崎における清との貿易や対馬藩による李朝貿易、松前藩による蝦夷との交易、そして、島津藩による琉球貿易が同時に行われていたのである。

日本は嘉永6（1853）年のペリー来航以来、長崎の出島以外に、下田と函館、そして、神奈川（横浜）を開港してアメリカだけではなく、イギリスやフランスとの貿易を開始するのである。

1　鎖国の目的は、キリシタン禁止と幕府による貿易の統制であった。

(1) 平戸から長崎へ

《平戸貿易の時代》

　江戸時代以前の貿易については、平戸貿易がある。天文19（1550）年、平戸松浦氏第25代当主松浦隆信が南蛮貿易を積極的に進め、平戸港にポルトガルの貿易船が初めて入港した。この年の9月にはフランシスコ・ザビエル（1506～1552年）が平戸に来航し、日本全国にキリスト教（カトリック、イエズス会）の布教を始めた。永禄4（1561）年にポルトガル商人と日本人との間で絹糸（または絹織物）の交渉が決裂して発生した宮ノ前事件が原因となって、翌年からポルトガル船の貿易港が大村藩領の横瀬浦（西海市西海町横瀬）に替わった。安土桃山時代の天正12（1584）年には、イスパニアの貿易船が入港して南蛮貿易の基地として栄えた。

　慶長5（1600）年の関ヶ原の合戦において、在国していた平戸松浦氏第26代当主、松浦鎮信は肥前の神集島で開かれた去就会議に参加して東軍に与することを決定した功により、徳川家康より6万3千石の領地を安堵され平戸藩が確立され、平戸藩初代藩主となった。鎮信は、リーフデ号事件の漂着民のうち、クワッケルナックらを帰国させるための船を建造した。クワッケルナックらは家康の親書を携え、慶長10（1605）年に日本を出立した。

　慶長14（1609）年、オランダ東インド会社のオランダ商館を誘致し、慶長18（16

2　フランシスコ・ザビエルは、スペイン・ナバラ生まれのカトリック教会の司祭、宣教師。イエズス会の創設メンバーの1人。ポルトガル王ジョアン3世の依頼でインドのゴアに派遣され、その後1549年に日本に初めてキリスト教を伝えた。

3　2年前に5隻の船団で本国オランダのロッテルダムを出航したが、マゼラン海峡通過後の太平洋で悪天候などにより離散した。リーフデ号の乗組員110人ほどの中、生存者は24人いたが、翌日に3人が死亡した。生存者の中には江戸幕府の外交顧問になったヤン・ヨーステンやウィリアム・アダムス（三浦按針：イギリス人）がいた。漂着後、大坂に回航され、後浦賀に回航されたが、回航時に暴風雨に遭って沈没したともいわれている。

13）年にイギリス東インド会社のイギリス商館も設立され、また同年にアダムスを平戸に招き平戸貿易に尽力する。

元和9（1623）年にイギリス商館が閉鎖され、寛永18（1641）年にオランダ商館が長崎の出島へ移転したために、平戸での南蛮貿易が終焉した。

（2）長崎出島貿易の時代

長崎出島は、寛永11（1634）年、江戸幕府の鎖国政策の一環としてポルトガル商人を管理する目的で、幕府が長崎の有力者に命じて長崎に築造させた扇型の人工島である。ここに「和蘭商館」が置かれた。面積は3969坪（約1・5ヘクタール）であり、1641年から1859年まで対オランダ貿易が行われた。

ポルトガル人は、出島を築造した彼らに土地使用料を毎年80貫支払うことになっていた。しかし、寛永16（1639）年、幕府はキリスト教の布教と日本の植民地化を避けるためにポルトガル人を国外追放したため、出島は無人状態となった。出島築造の際に出資した人々の訴えにより、寛永18（1641）年に平戸からオランダ東インド会社の商館が移され、武装と宗教活動を規制された状態でオランダ人が居住することになった。以後、約200年間、オランダ人との交渉や監視を行う管理貿易の基地となった。初代オランダ出島商館長マクシミリアン・ル・メールは出島の土地使用料を交渉して、借地料を55貫に引き下げさせることに成功した。

---

4 元和6（1620）年に、三浦按針（ウィリアム・アダムス）が平戸で病没した。
5 領内におけるキリシタンの排除も行った。
6 石嶺匠、高島四郎兵衛などの長崎の25人の有力者が出資して建造した。
7 門・橋・塀などは幕府からの出資であった。
8 日本人の公用以外の出入りが禁止され、オランダ人も例外を除いて狭い出島に押し込められた。医師であり、学者としての信頼が厚かったシーボルトなどは外出を許された。

2 鄭成功と台湾

(1) 鄭芝龍の長崎貿易

 オランダ人は出島から出ることを禁じられたが、商館長（カピタン）は年に1度の参府を許され、将軍に謁見して献上物を贈った。また、オランダ商館は外国の情報を提供する義務があり、それを長崎通詞が翻訳し、毎年『和蘭陀風説書』として幕府に提出した。鎖国中も幕府は世界の情勢を把握していたのである。
 ペリー来航（1854年）によって日本が開国されることになった翌年の安政2（1855）年に日蘭和親条約締結によってオランダ人の長崎市街への出入りが許可された。安政3（1856）年には出島開放令と共に出島の日本人役人が廃止され、3年後の安政6（1859）年には、出島にあったオランダ商館も閉鎖され、事実上「出島」としての存在意義は失われた。

 長崎出島の南蛮屏風を見るとオランダ専用の扇型の出島の南に長方形の出島がある。今日の長崎中華街の新地である。シナからの貿易船の貿易基地である。
 この新地で活躍したのが、鄭芝龍（1604〜1661年）である。彼は、寛永7（1630）年に「オランダの台湾長官ハンス・プットマンスとの間に航行安全保証の協約を結び、寛永17（1

表8-1　長崎貿易と鄭芝龍　　　　　　　　　　　　単位：斤

品目	鄭芝龍6艘の積荷	鄭芝龍以外の91艘の積荷
生糸	30,720	96,455
絹織物	90,920	44,016
木綿麻布その他の交織	40,110	198,433
砂糖	69,000	5,711,500
鉱物	11,200	52,280
皮革	2,050	50,900
蘇木	19,500	79,200
薬	6,500	73,460

出所：岩生成一著『日本の歴史 14 鎖国』中央公論社、1966年、406頁より作成。

表8-2　長崎出島の年間船数制限

西暦	年号	年間船数制限
1688年	元禄元年	清船70艘
1709年	宝永6年	清船59艘
1715年	正徳5年	清船30艘 オランダ船2艘
1720年	享保5年	清船30艘
1736年	元文元年	清船25艘
1739年	元文4年	清船20艘
1746年	延享3年	清船10艘
1765年	明和12年	清船13艘
1790年	寛政2年	オランダ船1艘
1791年	寛政3年	清船10艘

出所：岩生成一著『日本の歴史 14 鎖国』中央公論社、1966年、406頁より作成。

640）年には台湾長官バウル・ツラデニウスとも互恵的な日本貿易について協商した。その内容はシナ産の絹織物をオランダに売ることであったが、彼は約束を実行せず、かえってそれを長崎に廻して売り、オランダの日本貿易を圧迫した」。そして、「この年に長崎に入った唐船は97艘であった。そのうち、6艘は芝龍の持船であった。……当時長崎に来た

唐船の多くは彼の支配下にあったから、それら貿易船のうわまえをはねたり、また貿易資金を貸し付けたりもして、もうけていた」（岩生成一著『日本の歴史 14 鎖国』中央公論社、1966年、406頁）。

表8-1は、寛永18（1641）年の鄭芝龍の船6艘とそれ以外の唐船91艘の貿易品目の量を比較したものである。鄭芝龍の貿易量の割合が極めて大きいこと、その多くが生糸や絹製品であることがわかる。

表8-2は、鄭芝龍の子、鄭成功の時代より後の時代である元禄元（1688）年から寛政3（1791）年の間の長崎出島の年間の船数の制限のデータである。多いときで清の船が70艘であり、平均的には20艘程度である。鄭芝龍や鄭成功の時代がいかに出島に出入りする貿易船が多かったかが理解されるであろう。

（2）鄭成功

鄭成功（1624～1662年）の俗称は、国姓爺[9]である。平戸で生まれ、幼名は福松[11]、台湾においてオランダを駆逐後まもなく没した。中国明代の軍人であり政治家[12]である。父鄭芝龍は福建省を根拠として、「海禁」を犯して貿易活動を行っていた一官党[13]を率いた海賊大将である。顔思斎[14]の倭寇集団に参加し、倭寇集団解散の際にメンバーの一部を自らの水師の主要メンバーにした。母は松浦藩の藩医田川七

---

9 近松門左衛門の人形浄瑠璃作品『国姓爺合戦』のモデルである。
10 平戸明河内には鄭成功児誕石としての石碑や鄭成功廟がある。
11 福建省の福とマツの松を組み合わせた名前である。
12 中国本土では民族的英雄として描かれる。
13 一官党とは、明末の商人・海盗であった鄭芝龍の貿易船隊を指す。広義では鄭芝龍の政治・商業・軍事集団の総称である。下部に貿易会社である五商、私軍隊である鄭家軍、情報収集組織に相当する洪門天地会が存在した。
14 字は振泉。福建省海澄の人。日本で交易に従事、楊天生・洪陞らと平戸で乱を企て発覚して出国。台湾に逃れて諸羅山一帯を開拓した。後に海賊の首領となって、福建・浙江沿海を攻略した。天啓5（1625）年に病没し三界埔山に葬られた。

左衛門娘の養女田川松である。鄭芝龍は7歳になった鄭成功を日本から故郷福建に連れて帰り、科挙試験の勉強をさせた。弟は、日本に残り福住姓を名乗り、長崎で貿易を行った。

寛永5（1628）年に鄭芝龍が明朝の官人としての生活を送ることになり、鄭芝龍は自らの水師を拡充して陸上でも軍隊を組織した。自らの貿易での利益を確保するために治安の維持を行い、貿易での利益を軍費に充当していた。

日本の寛永11（1634）年から翌年にかけて陝西省を襲った大飢饉に、「農民一揆を指導した李自成は、勢力を増大して西安で自立して王位につき、やがて北京をおかした。政府軍はこれを防ぐことができず、明の皇帝毅宗は自殺した」（岩生成一著『日本の歴史 14 鎖国』中央公論社、1966年、402-403頁）。

「清の世祖、明の山海関の守将が援けを求めたのに乗じて関内に攻め入り李自成を破って北京に都を移した」（岩生成一著『日本の歴史 14 鎖国』中央公論社、1966年、402-403頁）。この1644年の北京の陥落後、逃れた皇族たちは各地で亡命政権をつくる。鄭芝龍たちは唐王朱聿鍵（隆武帝）を擁立し、清に対して抵抗運動を行った。しかし、弘光元（1645）年5月、清軍に南京を攻略され、弘光王朝は滅亡した。6月に唐王は福州で即位し、弘光を隆武に改称。9月に鄭芝龍は鄭成功と隆武帝に謁見、隆武帝は鄭成功に国内情勢とそれの対策についての意見を聞き、隆武帝から明皇帝の姓である朱姓を賜った。これ以降、鄭成功は国姓爺と呼ばれるようになった。

正保3（1646）年、鄭芝龍は部将周崔之に命じて書状を託して長崎奉行を通じて日本に援

15　日本人ではなく、台湾や中国では明人であるという説もある。
16　鄭森（諱は森、字は明儼、号は大木）と改め、科挙合格を目指し、教育を受ける。

助を求めた。江戸幕府第3代将軍徳川家光はこの申し出に対し、受諾しようとしたが、「鎖国」体制であったために申し出を断った。[17] 8月には唐王自ら請援の手紙が幕府に届き御三家の紀伊藩の頼宣は兵3千を借り、諸国の浪人10万を集めて総大将となって出兵したいといい、水戸藩の頼房、尾張の義直も出陣を願った。彼らに対して、井伊直孝は出兵無用論を主張した。しかし、長崎に入港した唐船の情報から福州城が陥落して唐王・芝龍親子が脱出したことが知られたので、出兵は取りやめになったのである。[18]

隆武2（1646）年12月、鄭成功は広東肇慶府の永暦帝を奉じて福建の厦門アモイ・金門両島を根拠地としたが、隆武帝軍の北伐大失敗により、隆武帝は殺され、鄭芝龍は明崇禎元（1647）年に投降した。

抗清復明の旗印の鄭成功の艦隊（300艘、2万5千人）は、大軍を率いて、明を滅ぼした清と戦ったが、南京攻略に失敗し撤退した。明暦4（1658）年、鄭成功は17万5千の北伐軍を興す。しかし、北伐軍は途中で暴風雨に会い、300艘のうち100艘が沈没した。

万治4（1661）年、清の第4代皇帝康熙帝が即位した。清にいる父親からの降伏勧告に従わず、[19] 鄭成功はオランダが支配していた台湾への侵攻を決定した。3月澎湖島を出港、4月1日安平沖に到達した。当時東インド会社は台湾南部を占領しており、鄭成功艦隊が襲来することを予測して、台湾の安平（台南市）に要塞（ゼーランディア城）、プロビンシア城（赤嵌楼）を構えて防御体制を敷いていた。

17　豊臣秀吉の朝鮮出兵が清国の力を疲弊させたことも関係していた。
18　援助の可能性は残っており、「幕府はシナ大陸への出兵の内意を諸大名に伝え、平琵琶整えさせている」（岩生成一著『日本の歴史 14 鎖国』中央公論社、1966年、401頁）のである。
19　父親は処刑される。

(3) 干満の差を利用して戦った鄭成功

台南攻略の際、鄭成功は、普段は大型船が通行できない鹿耳門水道を大潮に日時を合わせて強行通過して、台江海域の湾奥部に入港して安平（台南市）に上陸した[20]。オランダは軍艦2艘、舟艇2艘で応戦したが効果はなく、鄭成功はプロビンシア城（赤嵌楼）を約1カ月で陥落させた。プロビンシア城とゼーランディア城を分断して個別攻撃を行い、10カ月後にはゼーランディア城も開城し、1662年1月28日にオランダは投降した。
鄭成功は台湾からオランダ勢力を駆逐して、プロビンシア城を"承天府"と改称して台湾政治の中心とした。

台湾に入った鄭成功に父鄭芝龍の一官党は帰順して、軍は鄭成功の軍に吸収された。帰順後も貿易に関してはその組織を拡大していった。また情報収集組織としての天地会を設け、後の東寧王国の成立に大きな影響を与えた。しかし、1662年6月23日に鄭成功は病死して[21]、息子の鄭経が引き継いだが、1683年に鄭経は清朝に投降した。後に、鄭家は大陸に続いている。

3 貿易利益の無い国際貿易

自由貿易とは、本来、物々交換が前提で説明される理論である。なぜならば、異なった通貨を

20　鄭成功は、その後この地に鹿耳門天后宮を建てたとされている。1661年、民族の英雄『鄭成功』が台湾の鹿耳門に上陸する前に香を焚き媽祖に祈りをささげて鄭成功の奇襲作戦の成功を導いたというのが鹿耳の媽祖廟の御略である。
21　今日、鄭成功廟は鄭一族のための1つの宗教である。

132

使用している国同士の国際貿易において、1つの共通通貨（金あるいは銀）を決済通貨として利用する場合には自由貿易の利益が説明されないからである。なぜならば、人は財貨の取引による利益以上に目先の金や銀を得ることにより多くの魅力を感じるからである[22]。すなわち、国際間の貨幣的交換を前提とすることは、金や銀等の貴金属の保有を求めた満足の追求となるために、財と財との交換に齟齬が生じるために国と国との間の自由貿易の利益を説明することは不可能なのである。

デヴィッド・リカード（David Ricardo、1772〜1823年）は「比較生産費説」という考え方によって、国際間の物々交換による国際貿易が利益をもたらすメカニズムを説明したのである。この節においては、リカードの「比較生産費説」について具体的な例を使って説明する。

(1) 比較生産費説

日本でのバナナは、1本20円程度である[23]。これに対してタイ王国では、バナナは1本1円程度である[24]。いま、日本の20万円のバイクをタイへ5万円で輸出して、バナナと交換すれば、5万本のバナナを手に入れることができる。

これを日本にもち帰って売れば、100万円（＝5万本×20円／本）の販売額となるため、バイクの日本での購入費用20万円を差し引いて80万円の貿易利益となるのである。このよう

---

22 次の4節で説明されるように、幕末の開港によってアメリカをはじめ外国が求めたのは、日本が世界と異なる金銀交換比率であることを利用しての、日本から金（両）の持ち出しによる利益であった。

23 筆者の個人的経験では、この数十年間にわたって、諸物価の変動にもかかわらず、バナナの価格は1本20円から30円の間を変動していると感じている。

24 タイや台湾においては、いろいろな種類のバナナがあるため、一概にバナナ1本1円とはいえないが、例としてはそれほど大きな差異はないと考える。

図 8-1 日本の貿易利益

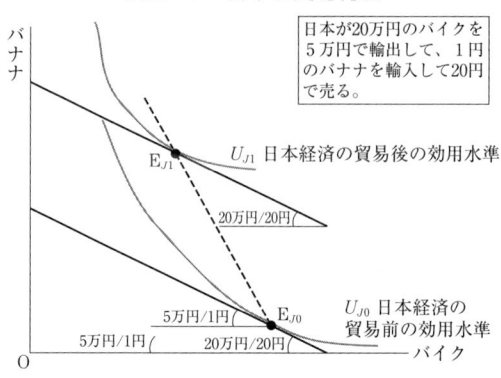

[図：縦軸バナナ、横軸バイク。貿易前の消費者均衡点 E_{J0}（効用水準 U_{J0}、価格比 5万円/1円）と貿易後の消費者均衡点 E_{J1}（効用水準 U_{J1}、価格比 20万円/20円）を示す。]

日本が20万円のバイクを5万円で輸出して、1円のバナナを輸入して20円で売る。

U_{J1} 日本経済の貿易後の効用水準
20万円/20円
5万円/1円
5万円/1円 20万円/20円
U_{J0} 日本経済の貿易前の効用水準

に、外国と比較して相対的に安い商品（バイク）を輸出して、相対的に高い商品（バナナ）を輸入することによって貿易利益（100万円－20万円＝5万本×20円／本－20万円／1台）が発生するという考え方をリカードの「比較生産費説」というのである。

このような関係は、**図8-1**のように説明することができる。貿易以前の日本の消費者均衡点は点 E_{J0} であり、効用水準は U_{J0} である。横軸のバイクを輸出して、縦軸のバナナを輸入することによって、貿易後の消費者均衡点は点 E_{J1} となる。この貿易によって効用水準が U_{J0} から U_{J1} へ上昇していることが説明されるのである。

20万円で買ったバイクを5万円で売ることは損である。しかし、1円のバナナを20円で売ると、1本当たり19円の利益があるので、バイク取引の損害（15万円＝20万円－5万円）よりもバナナ取引の利益（95万円＝100万円－5万円）のほうが大きいのである。この差額が貿易利益20万円である。

《輸送費用の考慮》

ここで、このような貿易によって発生する輸送費を考慮してい

134

ないではないかという読者もいるだろう。いま、バイクの輸送費用を10万円／1台、バナナの輸送費用を5万円／5万本とすると、この貿易の利益は、65万円（＝100万円－バイク購入代金20万円－バイク輸送費用10万円－バナナ輸送費用5万円）であり、貿易利益が65万円発生するのである。

《輸送のリスク：腐ったバナナ》

バナナは途中で腐るから、これを考慮すべきだとする読者もいるであろう。いま、バナナが輸送の途中で1割腐って国内市場では売れないと仮定すると、この貿易の利益は、55万円（5万本×0・9×20円／本－バイク購入代金20万円－バイク輸送費用10万円－バナナ輸送費用5万円）であり、まだまだ貿易利益が55万円は残るのである。

(2) 受け身の貿易は利益をもたらさない

このようなバイクとバナナの貿易について、タイ王国側からみると興味深いことがわかるのである。

日本から来た貿易業者にタイ王国の国内の相対価格でバイクとバナナを交換するタイ経済にとっては、バイクは1台5万円であり、バナナは1本1円であるから相対価格は貿易以前の状態そのままで、5万円分のバイク1台輸入＝5万円分のバナナ（5万本）の輸出である。このことは、

25　台湾から門司港に着いて、熟成しすぎたバナナを即刻売るために工夫されたのがバナナの叩き売りである。

図8-2 タイ王国の貿易不利益

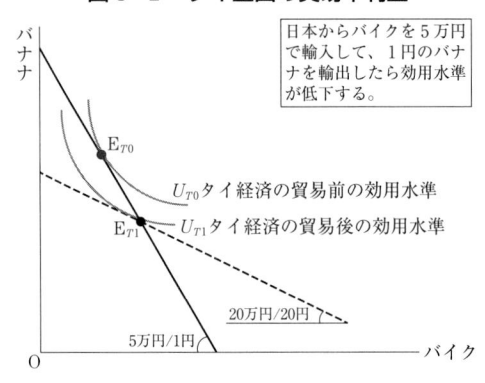

日本からバイクを5万円で輸入して、1円のバナナを輸出したら効用水準が低下する。

縦軸：バナナ　横軸：バイク

E_{T0}
U_{T0} タイ経済の貿易前の効用水準
E_{T1}　U_{T1} タイ経済の貿易後の効用水準
20万円/20円
5万円/1円

タイ経済にとっては同一予算線上での取引である。すなわち、タイ経済はこのような貿易によっては、貿易以前の状態と比較して、より豊かな状態にはならないのである。

自国内の相対価格と異なる、交易条件で貿易を行うから国際貿易は利益が発生するのであり、自国内の相対価格と同じ交易条件で貿易を受け身で行うならば、取引業者には国内の取引と同様の利益が発生するが、経済全体にとって貿易利益が発生することはないのである。すなわち、貿易によって点E_{T0}以上に効用水準が上昇することはないのである。

逆に、受け身の貿易によって、むしろタイ経済の国内の効用水準は、図8-2のように、点E_{T0}の効用水準U_{T0}の状態から点E_{T1}の効用水準U_{T1}の状態へと低下していることが説明されるのである。

国際貿易は自国と異なった交易条件を求めて、資本を投下して積極的に貿易を行うものに貿易利益をもたらすのである。決して、貿易リスクを負わずに、貿易のための資本を投下しないものには、受け身の状態で国内の相対価格に従って国際貿易を行うものには、貿易利益はもたらされないのである。

136

《出島貿易は日本経済に貿易利益をもたらさなかった》

以上の議論から、「貿易リスクを負わずに、貿易のための資本を投下しないものには、そして、受け身の状態で国内の相対価格に従って国際貿易を行うものには、貿易利益はもたらされない」ということが説明されたのである。

ということは、長崎の出島貿易において、日本はオランダや清国の貿易船がもち込んだ商品を購入（輸入）し、彼らが求めるものを販売（輸出）したに過ぎないのである。すなわち、自国の相対価格のもとでの交易であり、長崎の出島貿易においては貿易利益を享受することはなかったことが説明されるのである。

4 幕末の金と銀の交換比率

具体的に国際貿易を議論するために最も大事な問題は、決済の問題である。すなわち、輸入代金をどのような通貨で払い、輸出代金をどのような通貨で受け取るのかという問題である。ここで、経済学が想定するような物々交換ではなく、貿易当事者双方が納得する決済手段が必要なのである。その解決策としての通貨は、古今東西問わず、常に金であり銀であった。

日米修好条約（1954年）[26]の規定において、幕府とアメリカは、同種同量交換（同重量の外国金貨と日本金貨、外国銀貨と日本銀貨を交換する）を了承した。当時の日本の通貨は、金貨の

---

[26] 日米修好通商条約の批准書を交換するために、万延元（1860）年に正使新見正興、副使村垣範正、監察小栗忠順を代表とする万延元年遣米使節がポーハタン号で米国に派遣された。この護衛の名目で木村喜毅を副使として、咸臨丸も派遣された。咸臨丸には勝海舟が艦長格として乗船、木村の従者として福澤諭吉も渡米した。

小判1両＝1分銀貨4枚＝銀貨の朱16枚（1両＝4分＝16朱）であった。

世界の基準は、金1.8グラムに対して15倍の重さの銀27グラム（＝1.8g×15）の銀が対等であった。すなわち、銀27グラムの1ドル銀貨の価値が金で測って1.8グラムであった。

これに対して、日本の1分銀は1枚当り銀8.6グラムであった。この1分銀4枚（＝銀34.4g＝銀8.6g×4）が1両小判と等価であった。この1両小判は金4.8グラムと銀3.6グラムの合金であったから、世界基準の金換算（1：15）では5.04グラム（＝4.8g＋$\frac{3.6g}{15}$）であった。

日米修好条約によって、同種同量交換が約束されたために、1ドル（銀27g）≒1分銀（銀8.6g）×3枚（＝銀8.6g×3＝銀25.8g）であることから、銀貨1ドル＝1分銀3枚の交換比率を公定したのである。しかし、日本国内では、小判1両（金5.04g）＝1分銀4枚（銀34.4g）であったから、金と銀の交換比率は1：7（銀34.4g÷金5.04g≒6.82）であった。外国商人は4ドル（銀27g×4＝銀108g）で1分銀を12枚（銀8.6g×12＝銀103.2g）と交換して、これと1両金貨4枚（金5.04g×4＝金20.16g）であった。この小判4枚を横浜港で得て国外にもち出して売れば、世界の金交換比率は1：15であるから、12ドル（金20.16g×15÷銀27g＝11.2）になったのである。すなわち、最初に1ドル銀貨4ドルを日本で交換して、海外にもち出して金貨を売ってドルに換えると、12ドルになったのである。交換によって元手の3倍が得られるのである。[27]

外国奉行兼勘定奉行の水野忠徳は横浜開港前日の安政6（1859）年6月1日に、銀含有量

---

[27] 石井寛治氏は『大系日本の歴史 12 開国と維新』（小学館、1993年、72-78頁）において、「この時期の日本は既に金銀複本位制から金本位制に移行しつつあった」ために、1分銀は秤量貨幣ではなく、補助貨幣に過ぎなかったためにこのような矛盾が生じたと説明している。

13・5グラムの新2朱銀を発行した。これは、1ドル銀貨の重さが27グラムであることから、新2朱銀2枚で1ドルと同じ価値にするための新貨幣発行策であった。しかし、従来の1分銀は国内で依然として流通しており、幕府は銀貨を全面的に変更するだけの経済力をもたなかったために、新2朱銀が1分銀にとって代わることはできなかったのである。

駐日アメリカ合衆国弁理公使のタウンゼント・ハリス（Townsend Harris, 1804～1878年）とイギリス駐日大使のサー・ラザフォード・オールコック（Sir Rutherford Alcock KCB, 1809～1897年）は、以前のとおりに、1ドルと1分銀3枚との交換を可能とするように強く求めて抗議した。そのために、幕府は新2朱銀を撤回することになったのである。

幕府は日本からの金の流出を抑えるために1分銀の供給を制限した。そのために、本来の貿易も限定されることとなったのである。この間、半年間にわたって激しい金貨投機が起こった。この間に日本からもち出された金は、10万両程度と推定されている。[28]

幕府はこれまでの天保小判（1・97g）を発行して、これまでの天保小判1枚に対して万延小判3両1分2朱で交換させた。このようにして、開港以来の日本からの金の海外流出を止めたのである。

しかし、貨幣価値の下落を招き幕末の日本経済にインフレーションを招いて、諸物価が騰貴して庶民を苦しめる結果になってしまったのである。

---

[28] 石井寛治著『大系日本の歴史 12 開国と維新』小学館、1993年、76頁。
[29] 万延小判は3.3グラムの小判である。金の含有率は56.77%、銀の含有率は43.23%であるから、金の量が1.87341グラム（＝3.3g×0.5677）であり、銀の量が1.42659グラム（＝3.3g×0.432）である。金と銀の交換比率を1：15とすると、万延小判の金で測った価値は金1.968516グラム（＝1.87341g＋1.42659g／15）になる。

表8-3　生糸価格の変化

単位：100斤につき単位両

年次	西暦	国内価格 下値	国内価格 上値	横浜輸出価格 下値	横浜輸出価格 上値
天保11年	1840年	90.91			
天保14年	1843年	74.77	80.18		
安政元年	1854年	72.73	80		
安政4年	1857年	74.77	80		
安政5年	1858年	75.47	88.89		
安政6年	1859年	104.58	145.45	149.53	253.97
万延元年	1860年	197.53	205.13	258.06	307.69

出所：小西四郎著『日本の歴史 19 開国と攘夷』中央公論社、1966年、193頁。

5 開港による日本経済への影響

貿易開始によって、農業生産や工業生産にもいろいろな影響がもたらされた。生糸が高く売れることが広まると、農家で桑畑を増やし、蚕を多く飼って、繭を増産するのは当然である。もちろん、すぐその生産が何十倍になるということは、なかなかむずかしかった。茶でもそうである。増産がどれほどであったか、正確な数字は出ないが、石井孝氏は「慶応3（1867）年の輸出量は、万延元（1860）年のそれの5倍であるのを見ると、その間数倍の増産が行われたことは確実であろう」と述べている（小西四郎著『日本の歴史 19 開国と攘夷』中央公論社、1966年、201頁）。

表8-3は、横浜開港以前と以後の日本国内の生糸価格の変化を見たものである。開港の安政6（1859）年以前は、生糸100斤当たり70両台を推移していたものが、開港後の安政6（1859）年には105両、万延元（1860）年には、200両へと跳ね上がっていることがわかる。

140

図8-3　開港後の生糸価格の変化

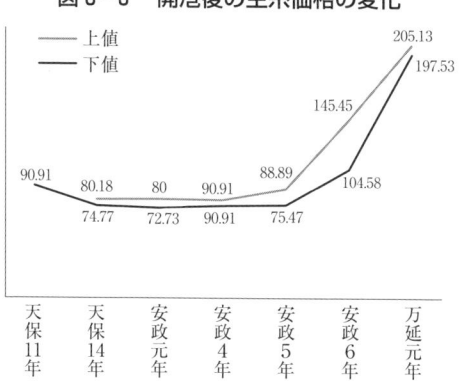

	天保11年	天保14年	安政元年	安政4年	安政5年	安政6年	万延元年
上値	90.91	80.18	80	90.91	88.89	145.45	205.13
下値		74.77	72.73	90.91	75.47	104.58	197.53

このように農民の関心は年貢のために必要な米作よりも、利益が見込まれる生糸や茶などの商品作物の増産に向けられたのである。[30]「開港以来、生糸そのほかの諸品作物をつくる百姓が、ことのほか仕事にはげみ、ことに生糸や茶をつくるため野末・藪合に至るまで、盛んに力を入れて開墾し、桑や茶を植え、開港以前に比べると倍増にもなっている」と記されている。「畠や薪山などにもこれらの商品作物がつくられ、果ては年貢を生み出す本田畠にまで進出した」（小西四郎著『日本の歴史 19 開国と攘夷』中央公論社、1966年、201-202頁）のである。

《開港による物価上昇の原因》

輸出関連作物の価格は、貿易の拡大とともに海外の価格水準に向かって上昇し始めたのである。輸出関連の人々にとっては、輸出とは、すなわち、現金収入の機会の増加であった。これまでのような自給自足のための農作物生産を減らして、輸出の対象となる生糸や繭を生産を増加させるために換金作物となる桑を植え桑畑を拡張することが現金収入の増加につながったのである。

このようにして輸出関連作物の価格は、貿易の拡大とともに上

30　図8-2のタイの貿易不利益と同じであることを理解したい。

昇し、換金作物ではない農産物の生産量は減少して、超過需要が発生して品薄となり、その価格が上昇したのである。すなわち、貿易の拡大は、輸出商品の価格だけではなく、その他の商品の国内物価をも押し上げる方向に作用したのである。

この物価の上昇過程において、日本からの金の流出を防ぐための1両小判の改鋳が行われたのである。しかし、天保小判から万延小判への改鋳は貨幣供給量を増大させ、価格上昇に拍車をかけることになったのである。このように開港が原因となって、モノの側面とカネの側面から幕末のインフレーションが引き起こされたのである。

第9章

徳川埋蔵金と小栗上野介

1 徳川埋蔵金伝説

徳川埋蔵金伝説とは、幕末の勘定奉行であった小栗上野介忠順が徳川幕府再興のために江戸城からもち出して上州の山中に隠したといわれる御用金のことである。

慶応4（1868）年に江戸城を無血開城して場内に入った薩長両藩からなる官軍は、戦費調達の目的もあって、場内の金蔵に入り御用金を探した。しかし、金蔵の中がもぬけの殻であったことに失望して、御用金探しを始めたのである。徳川家420万石の金蔵に1両の金もないことに彼らは疑いをもち、怒りを感じたのである。その疑惑が勘定奉行小栗上野介に向けられたのである。

「小栗はいよいよ幕府に危機が迫っていることを認識、儒学者で幕府学問所頭取にもなった林鶴梁との協議を重ねた結果、元治元（1864）年頃から江戸城開城までの間に、幕府御用金360万両を金蔵から持ち出すことに成功した。討幕軍と一戦交えることになれば、軍用金として、幕府に万が一のことがあった際には再興資金として流用するためである。この頃、勢多郡赤城村（群馬県渋川市）の複数の農民が、利根川岸に着いた大きな荷物を、武士たちが赤城山麓へと運び込むのを目撃。同地で、徳川埋蔵金伝説が囁かれることになった」（『徳川埋蔵金伝説』「週刊歴史のミステリー6」デアゴスティーニ・ジャパン、2008年、27頁）。

このようにして、徳川埋蔵金と小栗上野介との関係が想像されたのである。しかし、このよう

な理解は、小栗上野介を冒瀆する考え方である。

2 小栗上野介（1827〜1868年）

小栗上野介は徳川家旗本小栗家（神田駿河台）に生まれる。万延元（1860）年、彼が34歳のとき、井伊大老の抜擢により日米修好通商条約批准の遣米使節（目付・監察）として、米艦ポウハタン号で渡米、パナマ鉄道を利用して太平洋から大西洋に渡り、2艘の船を乗り継いで地球を一周して帰国したのである。帰国後は、勘定奉行、歩兵奉行、軍艦奉行と各奉行を歴任して幕政を支えて日本の近代化を進めたエリート官僚であった。

慶応4（1868）年3月、小栗上野介は幕府から帰農許可を得て領地である権田村に移住した。東善寺を仮住まいとして観音山に住居の建設を行った。水のない観音山に小至沢の源流から水平に水の道を求めて測量し、尾根伝いに水を引いた。この測量は忠順の養子の又一や家臣が横須賀造船所の建設工事を指導していたフランス人から教わったフランス式測量法であった。今日、権田村の小高用水は小栗用水とも呼ばれている。

同年閏4月6日、明治新政府軍に逮捕され罪がないまま水沼河原で家臣3名とともに斬首された。翌7日、養子又一も高崎城内で家臣3名とともに斬首された。容疑はおそらく、徳川埋蔵金の隠匿と思われる。

---

1 文久3（1863）年4月に、小栗上野介は「幕兵を率いて上京、京都を軍事的に制圧したうえで、朝廷に和親開国の勅使を出させ、上洛したまま尊攘派の人質になった感のある将軍家茂をつれもどすクーデターを計画したが、反対され歩兵奉行を罷免されている。同計画の背後には、英仏両国公使による援助の申し出があった」（石井寛治著『大系日本の歴史 12 開国と維新』小学館ライブラリー、小学館、1993年、104頁）。

2 「慶喜に徹底抗戦を主張して勘定奉行を免ぜられた小栗上野介は、引退先の知行所（群馬郡権田村＝現倉淵村）で一揆と戦わねばならなかった」（石井寛治著『大系日本の歴史 12 開国と維新』小学館ライブラリー、小学館、1993年、164頁）。

明治以降の日本経済の成長と発展は、幕末の江戸幕府勘定奉行であった小栗上野介の業績によるところが大きいのである。日米修好通商条約批准のための遣米使節（目付・監察）としてアメリカに渡り、その後ヨーロッパを見学した小栗上野介は造船の大事さを理解して、帰国後、幕府の大量の資金を投入して浦賀造船所（現在の住友重工浦賀）を建設した。このときの建設に投入された費用こそが、徳川埋蔵金なのである。欧米を見学した小栗上野介は、国の力は鉄であることを知る。そして、人の教育とその人による技術の伝授こそが国の発展の基であることを理解したのである。

小栗上野介が建設したものは、横須賀造船所、日本最初のフランス語学校設立（横浜）、フランス式陸軍制度の採用・訓練、鉄鉱山の開発、中小坂鉄山（下仁田町）など日本最初の株式会社組織「兵庫商社」などである。また、小栗上野介が、当時、提唱したものには、ガス灯設置、金札発行など金融経済の立て直し、郡県制度、森林保護、江戸－横浜間に鉄道建設、新聞発行、書信館（郵便制度）創設などがある。

3　小栗上野介の処刑の理由には、徳川埋蔵金を隠して新政府に渡さなかったためであるとか、対立する立場にあった勝海舟に讒訴されたため、薩長に対して徹底抗戦を主張したタカ派の首魁であったため、新政府から危険視されていたなどの説がある。真相は、このような流言蜚語に惑わされて新政府が小栗を捕らえて首を刎ねたのであろう。

4　造船所とは造船だけの施設ではない。造船場内には、蒸気機関の仕掛けで鉄の部品をつくったり、船の機関や大砲・小銃の部品、そして、ネジや砲弾、弾丸などがつくられていた。

5　「日本人は熱心に見学している」と書いたニューヨークタイムズは続けて、「とくに小栗は近い将来日本にこういう施設をぜひ造りたい、と熱心に語った」と報じている。

6　群馬の山の中に徳川の埋蔵金が隠されているという発想は、小栗上野介を冒瀆する考え方である。

7　小栗上野介の言葉として、「一言で国を滅ぼす言葉は『どうにかなろう』の一言なり幕府が滅亡したるはこの一言なり」（福地源一郎著『幕府衰亡論』東洋文庫、平凡社、1967年）とある。

8　幕末の蒸気船はほとんどの部材が木造であった。横須賀製鉄所の本格的な造船が始まると木材需要が増加するため森林の保護育成が必要である。

❸ 小栗上野介の想い

明治の日本の近代化による経済発展の基礎は、幕末の諸大名の努力と幕府の近代化政策によるところが大きい。特に、江戸幕府勘定奉行小栗上野介は、幕府の資金で浦賀に造船所を建設し、明治以後の日本経済における物資の輸送力と海軍力の元をつくったのである。これこそが「徳川埋蔵金」の使い道であった。それにもかかわらず、今日の日本において、小栗上野介の意図と業績を理解せず、徳川埋蔵金を探し回る輩のいることに筆者は日本人として将来に不安を感ずるのである。

幕臣鈴木兵庫頭（重嶺・佐渡奉行）の「費用をかけて造船所を造っても成功する時分に、幕府はどうなっているかわからない」という言葉に対して、小栗上野介は、「幕府の運命に限りがあるとも、日本の運命には限りがない……」と語ったといわれている。

小栗上野介の言葉として、「一言で国を滅ぼす言葉は『どうにかなろう』の一言なり　幕府が滅亡したるはこの一言なり」（福地源一郎著『幕府衰亡論』東洋文庫、平凡社、1967年）とある。

フランス語ができることから日本側責任者となり、現地で指揮した栗本鋤雲は明治中ごろに当時を思い出し、「小栗は、これが出来上がれば、土蔵付き売家の栄誉が残せる、と笑った」と書いている。小栗上野介は、母屋（徳川幕府）が売りに出てもこの土蔵（造船所）が新しい家主（明

治政府)の役に立つという考えであった。明治維新(1868年)の3年前、すでに幕府政治の行き詰まりを見通して、後の日本のためにこの造船所をつくったことがわかるのである。栗本は「その場の冗談と思ったが、今、彼のいったとおりになっている。あの時の彼の心中を思うと、胸が痛む」と書いている。

「小栗上野介が財政外交の要職にいたころは、幕府はすでに衰亡に瀕していて、大勢はもう傾いているときだから、(たとえ)百人の小栗上野介がいてもどうにもならない時節だった。だが、小栗はあえて不可的(インポッシブル)の言葉を吐いたことはなく……」(福地源一郎著『幕末政治家』東洋文庫、平凡社、1989年)この文章に続いて、小栗上野介の語った言葉として、下記の原文が記されている。

原文「病(やまい)の癒(い)ゆべからざるを知りて薬(くすり)せざるは孝子の所為(しょい)にあらず。国亡び、身倒るるまでは公事に鞅掌(おうしょう)するこそ、真の武士なれ」

「親」とは、徳川幕府であり、親の病気が重くて助かりそうもないほど重体であっても、息子は最後まで生きながらえるように手を尽す。たとえ幕府が滅びることになっても、自分の身が倒れるまで公務に尽すのが「真の武士」である。

148

4 小栗上野介の経済学的な説明

後藤新平（1857～1929年）[9]が残したといわれる名言に、次のようなものがある。

「金を残して死ぬ者は下だ。仕事を残して死ぬ者は中だ。人を残して死ぬ者は上だ。」

この言葉の意味を考えると、「金を残すのは下であるが、金がなければ仕事はできない。しかし、仕事を残すことは中である。仕事がなければ人は育たない。人を育てて残すことが人生の上である」という意味であろう。

小栗上野介の生き方は、「徳川埋蔵金の行方」が議論されるような人間ではないのである。彼の生き方を理解することは、「金ではなく、仕事とそのために必要な人を残した人間」として、すなわち、「日本の本を作った武士」として評価されるべきである。このことは「金に振り回される卑しい現代人への警告」でもあるだろう。

(1) 経済学的説明

いま、**図9-1**のように、横軸に現在時点での経済活動において利用可能な資源量を取り、縦軸に来期の時点での経済活動において利用可能な資源量を取る。ここで、横軸の X_0 の大きさはある経済主体にとって今期利用可能な資源量を表している。

---

9 本来は、医師であり、後、官僚・政治家となった。台湾総督府民政長官を務め、台湾の植民地経営者として辣腕を発揮した。また、満鉄初代総裁として満州帝国建設に貢献した。鉄道院総裁として国内の鉄道を整備した。関東大震災後に内務大臣兼帝都復興院総裁として東京の帝都復興計画を立案した。逓信大臣、内務大臣、外務大臣。東京市第7代市長、ボーイスカウト日本連盟初代総長。東京放送局（現日本放送協会）初代総裁。拓殖大学第3代学長を歴任した。

図9-1 人を残す意義

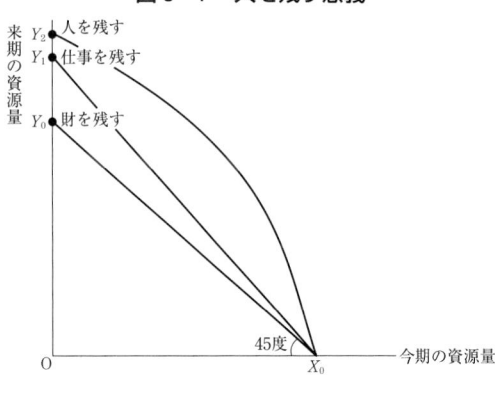

(図: 縦軸「来期の資源量」、横軸「今期の資源量」。Y_2「人を残す」、Y_1「仕事を残す」、Y_0「財を残す」の3点と、X_0から各点へ至る曲線。45度線あり。)

いま、来期における資源の利用可能量について考える。この経済主体が、これらの資源をすべてそのまま「金（財貨）」として残す人生」ならば、来期に利用可能な量は今期の X_0 と同じ大きさの Y_0 で表される。すなわち、次の（9・1）式が成立する。

$$Y_0 = X_0 \tag{9・1}$$

しかし、残されるものが金ではなくて「仕事や事業を残す人生」である場合は、その事業が来期にもたらす収益（r：収益率）を考慮するならば、来期に利用可能な資源の最大量は $X_0 = Y_0$ よりも大きな値 Y_1 である。すなわち、次の（9・2）式が成立する。

$$Y_1 = (1+r)X_0 \tag{9・2}$$

同様にして、この経済主体が今期利用可能な資源を投入して、事業を通して「人材の教育」に当たり、「人を残す人生」ならば、その成果を来期に持ち越す場合には、来期において利用可能な資源量の最大量は Y_1 よりも大きな値である Y_2 となることがわかる。

$$Y_2 = F'(X_0) \tag{9・3}$$

150

図9-2 人を残すことの効果

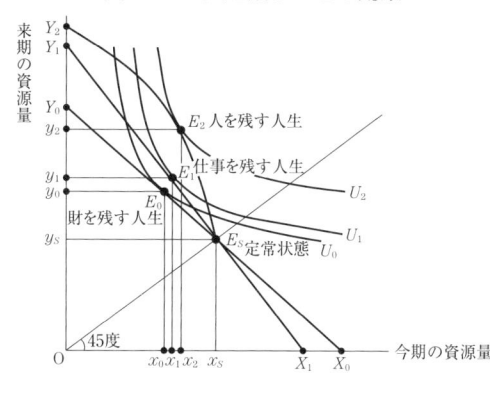

ここで、Fは、人的投資の評価を表す関数であり、資源を投入して人を教育し、それが経済効果として表される関係を説明している。

(2) 定常状態からの乖離

ここで、図9-2における点E_S (x_S, y_S) は、原点から45度線の直線上にあり、今期の資源利用可能量と来期の資源量可能量が同一量 ($x_S = y_S$) であることを意味しており、ある経済主体にとっての定常状態を想定している[10]。

《金（財貨）として残す人生》

いま、点E_Sを出発点として、今期の資源と来期の利用可能な資源量の組み合わせについて消費の効用極大化行動について考える。すなわち、一部を消費して、残りを貯蓄する場合について考える。

このとき、「金（財貨）として残す」経済主体の効用極大点は点E_0で表される。この経済の均衡点は、次の (9・4) 式によって効用極大化行動として定式化することができる。

---

[10] 定常状態とは、「他の条件にして等しい限り」、昨日と今日と明日が同じ経済状態が繰り返すような状態である。

「金を残こす人生」において、この経済主体の経済の均衡点は点E_Sであるが、貯蓄によって金を金庫に保蔵していく限りは、今期の資源利用可能量と来期の資源利用可能量との合理的組み合わせを表す経済均衡点は点E_0に留まり続けることが説明される。

もし、今期の貯蓄が負であるならば、今期の負債に対して来期の負債返済によってストックの減少が生じ、このような過程を繰り返すことになり、やがてストックとしての金はなくなってしまうのである。いわゆる「一時的な成金」で終わることになるのである。

$$\text{Max} \quad U(x, y) \quad \text{S.T.} \quad x+y=X_0, \quad Y_0=X_0 \qquad (9\cdot 4)$$

また、「仕事や事業」を行い、それが経済活動の成果とともに新しい資源として利用可能な量を増加させると考えるならば、実現できる経済状態は直線X_1Y_1と無差別曲線U_1の接点である均衡点$E_1^1 \ (x_1, y_1)$で説明される。この経済の均衡点は、次の（9・5）式によって効用極大化行動として定式化することができる。

$$\text{Max} \quad U(x, y) \quad \text{S.T.} \quad Y_1=(1+r)X_0, \quad Y_0=X_0 \qquad (9\cdot 5)$$

《仕事や事業を残す人生》

仕事をつくり、人をつくることによって、「仕事を残す」ということは、仕事のための店や事務所や倉庫、そして、大事な顧客が残るということを意味している。これによって異時点間の合

理的行動を仮定するならば、それぞれの経済主体は経済全体の景気動向には左右されるものの、「他の条件にして等しい限り」、毎期の仕事が定常的にある限りは点E_1のような経済均衡点になるのである。

もし、今期に過剰投資や販売戦略、顧客管理のミスが生じれば、今期の負債が発生し、来期の負債返済による利用可能量の減少によって、やがてシステムとしての経営能力がなくなってしまうのである。すなわち、「売り家と唐様に書く三代目」[11]となるのである。

《人を残す人生》

両期間においての金や資源を有効に活用して、仕事や事業を通して、人材を教育することによって実現できる経済状態は、曲線$E_2^sE_2Y_2$と無差別曲線U_2の接点である均衡点E_2 (x_2, y_2)で説明される。この経済の均衡点は、次の（9・6）式によって効用極大化行動として定式化することができる。

$$\text{Max} \quad U(x, y) \quad \text{S.T.} \quad Y_2 = f(X_0), \quad Y_0 = X_0 \qquad (9\cdot 6)$$

「人を残す」ということは、「仕事を残す」ということよりも、仕事の内容がさらに豊かになることを意味しており、経済の均衡点は点E_1以上の位置である点E_2の状態を維持することが可能なのである。

---

[11] 初代が必死に苦心してやっと財産を残したとしても、3代目にもなると没落してしまい、ついには家を売りに出すようになる。しかし、そのときの売り家札の筆跡は唐様であり、芸事には達者であるが、商いの道はないがしろにしたということを表している。「人を残さない」例である。

図9-3 人を残すことと経済成長

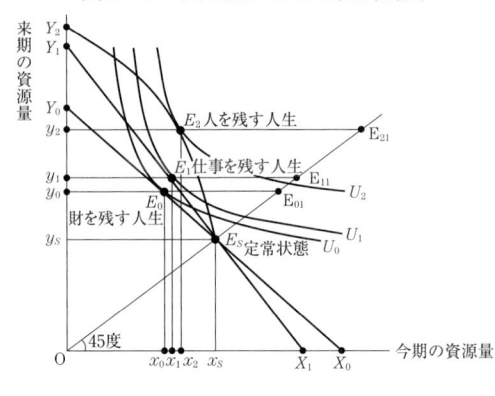

(縦軸：来期の資源量、横軸：今期の資源量。Y_2, Y_1, Y_0, y_2, y_1, y_0, y_S を縦軸上に、x_0, x_1, x_2, x_S, X_1, X_0 を横軸上にとる。点 E_2「人を残す人生」、点 E_1「仕事を残す人生」、点 E_0「財を残す人生」、点 E_S「定常状態」、点 E_{11}、点 E_{01}、点 E_{21}。無差別曲線 U_0, U_1, U_2。原点 O から45度線)

(3) 経済成長の開始

いま、来期の次の時期について考える。「金を残こす人生」においては、貯蓄を常に実行することによって金の量の増大を図ることができるであろう。この過程は、図9-3において、点 E_0 から点 E_{01} への経済均衡点の移動として説明されるのである。

「仕事を残す人生」の方法においては、企業や事業の資源の蓄積によって収益性を増加させることができる。これによって、来期の資源利用可能量が増加するために、さらに貯蓄が増加するのである。このような過程を通して、「仕事や事業を残す人生」の経済主体においては、「金を残こす人生」の経済主体よりもさらに大きな成長が期待されるのである。この過程は、点 E_1 から点 E_{11} への経済均衡点の移動として説明されるのである。

同様にして、「人を残す人生」の経済主体においては、金を使って仕事や事業を行いながら、人を養い育てることによって、よりたくましい成長を実現することができるのである。この過程は、点 E_2 から点 E_{21} への経済均衡点の移動として説明されるのである。すなわち、「人を残す」経済主体は、「仕事を残す」経済主体より

154

もより力強く成長することが説明されるのである。

5 その後の日本

(1) 幕末から現代まで

小栗上野介が処刑された後の日本は、彼が建設した造船所のおかげで、海運大国として経済成長の途を進めることになった。

日清戦争（1894〜1895年）、日露戦争（1904〜1905年）[12]でかろうじて勝利した日本は、戦争に負ければ植民地になるという危機を乗り越えながら、資本主義経済の道を邁進するのである。

第1次世界大戦（1914〜1918年）で戦勝国側についていたために次第に戦争と経済がセットになった資本主義経済の道を日本経済は邁進することになったのである。戦前の日本経済は資本主義の亡者であり、人々は資本の奴隷として経済の成長と発展に貢献した。そして、大東亜戦争（第2次世界大戦：1942〜1945年）前の日本人は金（資本主義）の亡者となり、大日本帝国という虚構の威信構築とともに世界を相手に金儲けに専念することになったのである。

そして、戦後の日本人は祖国を大東亜戦争に導いた反省から、マッカーサー駐留軍の指導の下

---

[12] 日露戦争が終結して7年目、海軍大将東郷平八郎は、小栗父子（小栗貞雄と息子又一）に、「軍事上の勝因の第一として、小栗さんが横須賀造船所を造っておいてくれたことが、どれほど役立ったか知れません、」と礼を述べた。

で、資本主義の悪を取り除いた経済改革を行った。その改革はソ連や中華人民共和国とは異なった意味での日本的社会主義経済化への道であった。この日本的な意味の社会主義によって、①官僚指導型計画経済のもとで、②年功序列賃金体系、③終身雇用制、④産業別労働組合等による効率的な経済システムが実現し、やがて日本の奇跡といわれるような高度経済成長を実現したのである。長期的な計画経済のもとでの経済成長の成果は、労働者に労働生産性の上昇分に見合った所得が分配されたのである。

その後、追い越す相手（国）を見失い、進むべき目的を見失った日本人は、日本独自の資本主義的計画経済の成功の経験を理解しないままに、日本の内外からの「日本異質論」の批判のもとで自分たちの成功例を誤ったと認識してしまったのである。この結果、日本経済の「自律化」を求め、己自身を知るという意味での「日本化」ではなく「日本的」なものを捨てる和製漢字の「国際化」[13]という意味での「グローバル経済」という無意味な和製英語の幻想のなかで「ワシントン・コンセンサス」の奴隷の道に日本経済を陥れる方向を選択してしまったのである。そして、今日の外国文化に対する隷属的な言葉に翻弄されるようになった資源小国である日本経済にとって、世界の国際的取引ルールと金融決済システムに従った国際貿易の拡大こそが経済の国際化であった。その後、グローバル経済化という世界基準のもとで、日本の銀行は新しい世界のルールとして「BIS規制」[14]を受け入れ、世界標準としての「金融ビッグバン」を実行し、果てしない円高を過信してバ

13　西周と森有礼による、"Internationalization"の翻訳としての「国際化」は正しいであろう。しかし、漢字本来の意味を理解する人々によって独り歩きし始めるとこの意味は、「国の際を国内の文化に教化するという意味での「中華化」という意味をもつのではないだろうか。

14　国際決済業務を行う銀行に課せられた自己資本比率に関する国際統一基準をBIS規制、あるいは、バーゼル合意ともいう。G10諸国を対象にした自己資本比率の算出方法（融資などの信用リスクを対象とする）や最低基準などが定められた。自己資本比率８％以上を満たさない銀行は、国際業務からの撤退を余儀なくされる。国際間における金融システムの安定化や銀行間競争の不平等を是正することなどを目的として、昭和63（1988）年7月にバーゼル銀行監督委員会から発表され、1992年12月末から適用開始された。日本では、平成5（1993）年3月末から適用が開始された。

ブル経済を招来してしまったのである。その後、バブル崩壊とともに日本経済は長い不況（デフレ経済）に突入したのである。

「羹に懲りて鱠を吹く」の例えどおりに、金融ビッグバンとBIS規制によって金融政策はすべて無効となり、「賽の川原の石積み」のような継続的な円高阻止のための外国為替市場への介入政策のために短期国債発行を繰り返し、やがて長期国債への借り換えによって政府の負債は累積債務と化し、金融危機対策という税金の無駄使い政策の結果として、また、膨大な債務が日本政府と日本の国民に残されたのである。

(2) 官僚制度の意義

近代国家の柱は官僚制度と国民の軍隊である。国民の軍隊が領土と領民を護るのである。その費用として国民から税金を徴収して、国民に衣食住の権利を護り、彼らの生活のための収入を得る機会を護るのである。この官僚制度を破壊する政府はやがて国を亡ぼすことになるのである。

直接民主主義が困難な大人数の国家において、大統領や総理大臣を間接民主主義のような制度のもとで、一時的な理想を掲げて官僚の権限を奪い、経済政策を語るのは詐欺である。間接民主主義の実行者が独裁者にならないのは官僚制度のおかげなのである。

政権が代わっても政策の継続性が保証されるのも官僚制度のおかげであることを国民は理解するべきである。官僚は国民の敵ではなく、国民が委託するに足る人材の宝庫として、これを養いるべきである。

機能させるべきなのである。

第10章

金本位制と世界恐慌

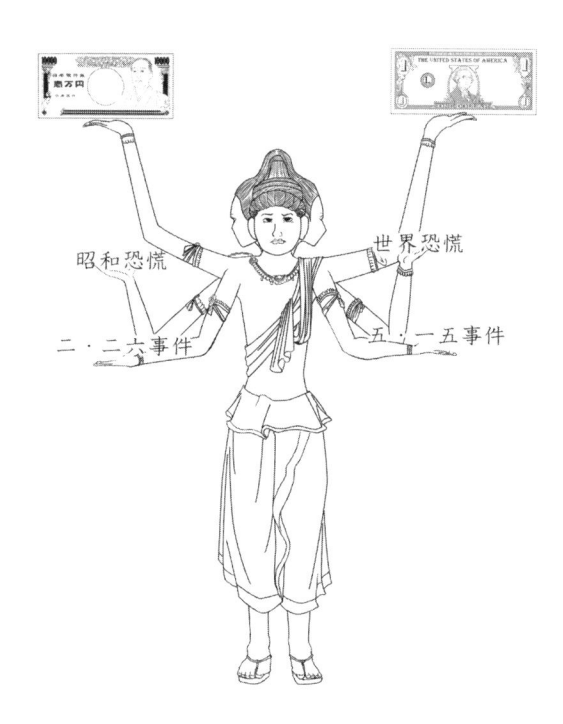

1 金本位制

第1次世界大戦（1914～1916年）以前には主要国のほとんどが金本位制を採用していた。金本位制とは、国内で発行される貨幣がいつでも金と自由に交換することが可能である金兌換制度である。国際収支（貿易収支）[1]が赤字の場合は、金（正貨）を支払うことによって（金輸出）、黒字の場合は赤字国から金（正貨）を受け取ること（金輸入）によって決済が行われるという制度である。このような金本位制の決済メカニズムを「正貨移動の理論」という。日本は明治30（1897）年に金本位制を確立させて以来、「金輸出」は自由であった。

対外債務を外貨で決済するか、金を買って決済するかの境界線を「金輸出点」という。「金輸出点」(gold export point)とは、国際収支の赤字に際して債権国への債務の支払いに外貨を買って決済するよりは自国が保有する金を購入してそれを輸出して決済を行ったほうが金の輸送費用を考慮しても、すなわち「平価[3]＋現送費」のほうが現行為替相場よりも安い資金で決済ができるという「金本位制のルール」に基づいた決済制度の境界点である。

対外債権を現行為替相場で受けるか、金で受け取るかの境界線を「金輸入点」という。「金輸入点」(gold import point)とは、国際収支の黒字に対して、債務国からの債権の受け取りに関して、外貨による決済を受けるよりは、金の輸送費用を払っても金による受取のほうがよ

---

1 この時代は国際間の資本移動は自由ではなく、その他の資本取引も活発ではなかったという意味で、貿易収支だけが国際収支であると考えることができる。
2 金輸出点とは、金平価に運送料や保険料など金輸送費を加えた価格のことであり、金輸入点とは、金平価から運送料や保険料などの金輸送費を引いた価格のことである。金輸出点と金輸入点をまとめて、金現送点という。
3 金で測った通貨の公定価格。

(1) 金本位制と貨幣数量説

金本位制とは、自国が保有する金の量 G と国内に発行される貨幣量 M との間に一定の関係 α を保つという制度であり、次の（10・1）式のように表される。

$$M = \alpha G, \quad \alpha \geqq 1 \tag{10・1}$$

また、国内に流通する貨幣量 M と物価 P との間の関係は、古典派経済学の貨幣数量説で表されると考えると、次の（10・2）式が成立する。[4]

$$MV \equiv PT \tag{10・2}$$

ここで、V は貨幣の流通速度であり、T[6] は経済活動の活発性の尺度としての経済全体の取引総量である。古典派の貨幣数量説においては、貨幣量が増え（$\triangle M > 0$）れば、それに比例して物

り多くの額の受け取りになる場合である。すなわち、「平価－現送費」のほうが現行為替相場よりも高い額で決済を受けることができる境界線の為替相場である。

この「金輸出点」と「金輸入点」との間の為替相場の変化に対しては、外貨との交換によって決済が行われる。しかし、国際収支の大きな不均衡に対しては、為替相場の変動幅がより大きくなるために、金の移動（正貨移動：price specie flow doctrine）によって決済が行われるのである。

4　金本位制の考え方は、古典派経済学の前提であった。
5　貨幣数量説は、$M = kpy$ というマーシャル的な残高方程式によって説明することもできる。ここで、k はマーシャルの k であり、p は物価水準、y は国民所得水準である。
6　ケインズによる「経済学革命」以前においては、マクロ経済学的な有効需要の理論が紹介される前であり、実物経済全体の活動水準は一定所与であると考えられていた。

価Pが上昇（$\Delta P>0$）し、貨幣量が減少（$\Delta M<0$）すれば、それに比例して物価は下がる（$\Delta P<0$）という考え方である。

(2) 金本位制のメカニズム

ある経済が輸入超過によって貿易収支が赤字になる場合には、その決済のために金が国外へ流出する。金が流出すると国内の金の保有量が減少する（$\Delta G<0$）ために、金の保有量に比例して発行されている国内の貨幣供給量が減少する（$\Delta M<0$）のである。このために、国内物価が下落して（$\Delta P<0$）、貨幣の価値が上昇する（$\Delta \frac{1}{P}>0$）のである。このようにして交易条件の悪化（国内財の相対価格が安くなること）が発生することによって、この経済からの輸出が増加し、貿易収支が改善され経済が回復するのである。

次に貿易収支が黒字化すると、やがて国外から金が流入して、国内の金保有量が増加する（$\Delta G>0$）ために、貨幣量が増加する（$\Delta M>0$）のである。このため国内経済と対外収支バランスにおいて、元の均衡状態が自動的に回復されるというメカニズムが金本位制にはあると期待されるのである。

ここで、歴史的事実から考察すると、貿易収支の赤字状態において金の輸出が不可能なほど正貨の金が不足した場合には、海外からの金あるいは外貨の借り入れが認められていた。このよ

162

図10-1　日本の正貨保有高（1914～1935年）

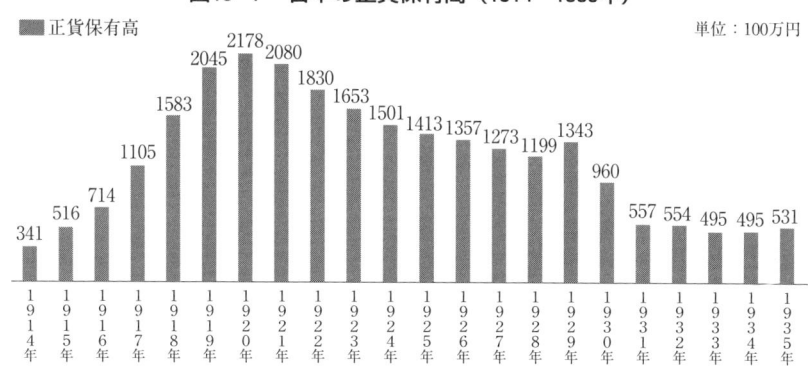

■ 正貨保有高　　　　　　　　　　　　　　　　　　　単位：100万円

年	正貨保有高
1914年	341
1915年	516
1916年	714
1917年	1105
1918年	1583
1919年	2045
1920年	2178
1921年	2080
1922年	1830
1923年	1653
1924年	1501
1925年	1413
1926年	1357
1927年	1273
1928年	1199
1929年	1343
1930年	960
1931年	557
1932年	554
1933年	495
1934年	495
1935年	531

出所；三和良一・原朗編集『近現代日本経済史要覧（補訂版）』東京大学出版会、2010年、114頁。

2　金解禁

　第1次世界大戦の勃発（1914年）とともに、日本経済は輸出の増加によって景気が好調に推移し、日本の正貨保有額も順調に増加した。

　第1次世界大戦ごろから日本の輸出額は増加し、**図10-1**からわかるように、日本の正貨保有高は次第に増加していくのである[7]。

　しかし、第1次世界大戦勃発後、戦争当事国等にとって正貨（金）の国外流出が危惧されるようになり、大正6（1917）年9月10日にアメリカが金の兌換の一時停止と輸出禁止を発表した。これによって日本が保有する正貨（金）も次第に減少し

な金の貸借という前提は、金本位制を正しく機能させるためには、不必要なシステムであるはずである。正貨不足に伴って資金を海外から借り入れて利子を払うということは、金本位制のメカニズムを破壊する行為であるはずである。

---

[7] 「国内の民間資金の不足を補うために、内国債の償還を新たな外国債の借り入れによって行い、さらに地方債や社債の海外募集まで行ったため、1910年末には、日本の対外債務累積高は総額17億7,718万円（うち内国債14億4,722万円）に達した」（石井寛治著『日本の産業革命―日清・日露戦争から考える』朝日選書581、朝日新聞社、1997年、208頁）。

たのである。その2日後の9月12日に日本政府も「金貨幣又ハ金地金輸出取締ニ関スル件」(大正6年大蔵省令第28号)を出して金輸出の許可制を導入し、事実上の金輸出禁止となった。

欧米諸国は第1次世界大戦終了後に相次いで金輸出を解禁して金本位制に復帰した。日本もこれに続こうとしたが、関東大震災（1923年9月1日）や金融恐慌（1927年）といった混乱のために金本位制への復帰が困難となった。

(1) 金解禁

「金解禁」とは「金輸出解禁」のことであり、国際収支が赤字になった場合に金本位制のルールに基づいて金（金貨及び金地金）の輸出を解禁して、国際間の決済システムが金本位制に復帰させることである。この「金解禁」を行うことによって金本位制に復帰することの主な目的は、為替相場の安定とそれによる輸出の拡大を実現して国内産業を活性化させることである。

日本においては、昭和5（1930）年に濱口雄幸内閣によって行われた金解禁（昭和4年大蔵省令27号）の措置を指す。しかし、翌年の昭和6（1931）年の犬養内閣によって行われた金輸出（再）禁止（昭和6年大蔵省令36号）までに至る一連の経済政策を金解禁政策として議論されている。

この金輸出禁止政策は、第1次世界大戦中に、一時的に金本位制から離脱するという措置であり、戦争が終わればすみやかに解除されて金本位制に戻るという政策であった。アメリカは「金

164

第10章 金本位制と世界恐慌

輸出禁止」から2年後の大戦終結直後に金輸出を再開した。また、大正11（1922）年4月10日から同年5月19日まで開催されたジェノア会議において[8]、先進各国が一刻も早く金本位制へ復帰するように求める決議も出された。

当時の日本において、立憲政友会政府（原内閣・高橋内閣）は、国内に対する積極財政政策と北京政府（北洋軍閥）支援のために大量の借款が必要となるという観測から金解禁を先送りしていた。この間、貿易収支は大幅な赤字となり、為替相場は当時の平価とされた100円＝49.875ドル（1ドル＝2.005円）を大幅に下回っていた。このため、高橋是清（大蔵大臣、後に内閣総理大臣を兼務）は、国外にある日本政府保有の金を売却して平価に戻そうと試みたが限界があった。

大正12（1923）年9月1日に発生した関東大震災とそれに伴う金融措置の必要から、日本の金解禁は先延ばしされた。震災による大幅な円安と過度な輸入のために、日本経済はさらに混乱したためである。大正15（1926）年1月に成立した憲政会・第1次若槻内閣の大蔵大臣片岡直温は、金解禁の断行を公約として、その障害となる震災手形の処理を行おうとした。だが、この対応の失敗によって昭和2（1927）年の金融恐慌を招き、政権は再び政友会の田中義一内閣に移って積極財政路線が復活した。

---

8 ジェノア会議とは、イタリアのジェノヴァ（ジェノアは英語読み）において1922年4月10日から5月19日にかけて開催された国際会議である。この会議では、34カ国の代表者が集まって第1次世界大戦後の貨幣経済について話し合われた。会議の目的は、中央ヨーロッパと東ヨーロッパを再建する戦略をまとめ、また、ヨーロッパの資本主義経済と新ロシアの共産主義経済との間の調整を行うことであった。

(2) 金解禁の実施

昭和3（1928）年に、フランスが金解禁を行うと主要国で金本位制に復帰していないのは日本だけとなり、日本は内外からの批判を浴びるようになった。

為替相場の不安定状態に困っていた金融界と貿易関係者からは、金解禁を行って為替相場を安定させることを望む声が上がり、東京・大阪の両手形交換所と東京商工会議所からは「金解禁即時断行決議」が政府に対して求められた。さらに、昭和5（1930）年に設立される国際決済銀行の出資国・国際連盟財政委員会構成国の要件に、金解禁の実施が盛り込まれたことから、日本にとって重要な課題となったのである。

《世界恐慌の発生》

昭和4（1929）年10月24日（木曜日）、ニューヨーク株式市場（ウォール街）の株価大暴落が発生して、アメリカ経済は大混乱に陥っていた。これが後の世界恐慌のきっかけになる「暗黒の木曜日」である。

当初、日本国内ではこの株価暴落の影響についての認識はまちまちであった。井上準之助蔵相は、工業国では10年に1度の恐慌が発生していた経験から、今回の恐慌を通常経済の範囲内の出来事と考えていたために政策の変更を行わなかった。

166

《金解禁の実施》

昭和4（1929）年7月、濱口雄幸を首班とする立憲民政党内閣が成立した。新内閣の大蔵大臣に、元日本銀行総裁で元大蔵大臣（第2次山本内閣）の井上準之助が任命された。立憲民政党は「金解禁の断行」と「放漫財政の整理」を公約に掲げていたが、日銀総裁・大蔵大臣を歴任した井上にはその推進役が期待されていたのである。

井上は直ちに「旧平価による金解禁の実施」を主張して、その準備のために緊縮財政を実施の上で財政支出を抑え、為替相場を回復させることを表明したのである。昭和5（1930）年1月11日、濱口内閣は、政策の目玉である金解禁を断行した。しかし、「金2分＝1円＝0.498755ドル」（1ドル＝2.005円）の旧平価の水準での金解禁が実施されたのである。

井上は金解禁の目的を「財界の安定」・「金本位制の擁護」・「国民経済の根本的建直し」・「日本経済の世界経済への常道復帰」・「日本の経済力の充実発展」の5点を掲げ、金解禁に伴う景気への悪影響を最小限に抑制するために国民に対して消費節約と国産品愛用を訴えた。

円高による金解禁政策によって、日本の貿易収支は大幅な赤字となり、為替相場は当時の平価とされた100円＝49.875ドル（1ドル＝2.005円）を大幅に下回った。

濱口雄幸や井上準之助が金解禁や財政再建とともに重要視していたのは、産業の構造改革であった。[10] 金解禁によるデフレの進行と財政緊縮による一時的な経済状況の悪

---

[9] 「新平価論」を唱えていた石橋湛山や経済評論家、そして、アメリカ経済の動向を危惧する三菱財閥の各務鎌吉らは、旧平価での金解禁に強く反対した。東洋経済新報社の石橋湛山は高橋亀吉にグスタフ・カッセルの購買力平価説で説得し、金解禁自体には賛成するが、こうした危惧を払拭するために平価切下げを行った上で金解禁を行うべきであるとする「新平価解禁論」を唱えた。一方、三井財閥の池田成彬を中心とした金融界は、これ以上の金解禁の遅延は許されないとして金解禁を支持した。

[10] 明治時代以来の政府（官僚・軍部）と政商・財閥のもたれ合いの上に発展を遂げた日本の産業の国際競争力は、決して強くはなかったからである。特に、第1次世界大戦後の不況の長期化は、このような日本経済と産業の体質に問題があると彼等は考えていた。

図10-2　日本の正貨保有高（1914～1935年）

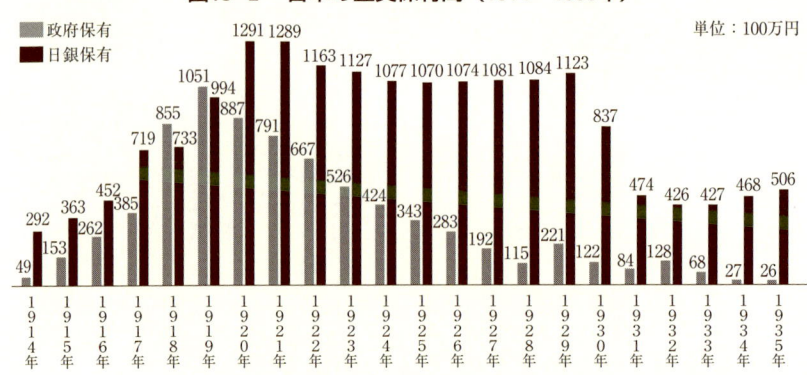

単位：100万円

■ 政府保有
■ 日銀保有

年	政府保有	日銀保有
1914年	49	292
1915年	153	363
1916年	262	452
1917年	385	719
1918年	733	855
1919年	1051	994
1920年	887	1291
1921年	791	1289
1922年	667	1163
1923年	526	1127
1924年	424	1077
1925年	343	1070
1926年	283	1074
1927年	192	1081
1928年	221	1084
1929年	122	1123
1930年	84	837
1931年	128	474
1932年	68	426
1933年	27	427
1934年	26	468
1935年	—	506

出所：三和良一・原朗編集『近現代日本経済史要覧（補訂版）』東京大学出版会、2010年、114頁。

化が生じたとしても、企業の整理と経営合理化によって国際競争力のある企業が生まれ、金本位制の機能である通貨価値と為替相場の安定機能が発揮されれば、日本経済の景気は確実に回復すると考えたのである。[11]

井上は、前内閣が定めた昭和4（1929）年度当初予算の5％にあたる9千万円のカットを行い（予算総額16億8千万円）、続いて昭和5（1930）年度予算も緊縮型予算（予算総額16億1千万円）とした。[12] さらに、津島寿一を再度アメリカ・イギリスの銀行から1億円相当の借款の約束を取り付けた。また、日本銀行には公定歩合の引き上げを指示し、横浜正金銀行には円為替への介入と外貨集積を指示した。これによって保有外貨が3億ドルに増加し、為替相場が48ドルまで戻ったのである。

《政府の正貨保有額》

図10-2にみられるように、政府の正貨保有額は大正8（1919）年の1千51億円をピークに次第に減少した。これに対して、日銀の正貨保有額は大正9（1920）年にピークとな

11　犬（経済の本体）が尻尾（対外バランス）を振るのではなく、尻尾が犬を振る政策であった。
12　井上蔵相は公務員給与の1割カットを提唱したが、実行されなかった。

168

❸ 世界恐慌と日本経済

(1) 金解禁と世界恐慌

　濱口雄幸（1870〜1931年）首相と井上準之助（1869〜1932年）蔵相が行った金解禁（1930年）の問題は、金本位制に戻ったことが問題なのではなく、円の過大評価となってしまう旧平価へ復帰したことである。この井上蔵相の金本位制復帰政策（金解禁）は、日本の輸出を増加させ、企業活動の活性化を図るという政策であり、金本位制のメカニズムが正しく機能することを前提として実行した長期的な視点に立った経済政策だったのである。[13]

　井上準之助蔵相は日本のメンツを重視し、旧平価での解禁を押し切ったと考えられている。当時、アメリカ経済は空前の好景気を謳歌していたために、井上蔵相は円が多少上がったところで、日本の輸出に影響は出ないと考えたのかもしれない。金解禁当日、市場はこれを歓迎し、株価は上昇した。濱口内閣は衆議院を解散し、総選挙を行った。結果は濱口雄幸の率いる与党・立憲民

り、昭和4（1929）年の世界恐慌までは107億円から130億円近くまで増加していたが、その後急激に減少しているのである。

---

[13] 当時、東洋経済新報社のエコノミストであった石橋湛山は、新平価による解禁を主張していた。

政党の圧勝であった。

しかし、旧平価は日本が不況に陥る前の円高相場での平価であり、旧平価での金解禁は事実上の円の切り上げになってしまったのである。この円高の為替相場により日本の輸出は減少し、輸入が増加した結果、貿易収支の赤字を導いてしまったのである。その結果、日本では生糸価格が暴落し、景気の先行き不安が広がった。しかし、濱口内閣は緊縮財政を押し進め、国内産業振興に努めるために旧平価での金解禁に踏み切ってしまったのである。

《アメリカ投機家の金投機》

アメリカ・ニューヨークでは、この時、既に「世界恐慌」が始まっていた。前年（1929年）の10月24日（木曜日）、ニューヨークのウォール街で株価が大暴落し、株式取引所が大混乱に陥っていた。いわゆる「暗黒の木曜日」である。

昭和5（1930）年には、アメリカ発の世界恐慌が日本経済に影響を及ぼすようになった。濱口内閣は、金解禁に見合った為替相場を維持するためにデフレ政策を採用していた。そのため、日本の国内市場は縮小し、旧平価による金解禁という円高誘導政策によって輸出産業は国際競争力を失っていたために、日本経済は二重の打撃を受けたのである。

アメリカは金ドル交換を停止していたことから、株価の暴落に直面していたアメリカの銀行は、日本の「金解禁」政策に対応して、投機筋の思惑買いによる円買いドル売りが行われ、日本からの金貨を大量に輸入し始めたため、解禁後の恐慌の深刻化に伴って貿易の決済資金確保のための

170

《イギリスの金本位制離脱》

濱口雄幸や井上準之助は、アメリカ経済が恐慌に陥っても世界経済の中心であるイギリス・ロンドンのシティが安定していれば、世界恐慌はやがて回復すると判断して、翌昭和6（1931）年度予算ではさらに大幅な歳出削減を行った。

しかし、昭和6（1931）年9月には、ヨーロッパの金融恐慌が深刻化して、イギリスも金本位制を離脱したために、日本からの金輸出がさらに増加して、日本国内の金は尽きてしまったのである。これ以上の金の流出を防ぐためには、金の輸出再禁止をするしかなくなったのである。

しかし、輸出再禁止を実行すれば、円の暴落は目に見えている状態であった。井上準之助は無念のうちに大蔵大臣を辞した。同年12月13日、犬養毅内閣発足とともに金輸出再禁止が決定されたときの蔵相は高橋是清であった。[15]

イギリスの金再禁止（金本位制の停止）後、アメリカの銀行は、「金買い」から「ドル買い」にスタンスを変えた。これに三井・三菱・住友・安田といった日本の財閥も追随した。

---

14 日本政府はアメリカから借り入れをしてまでも金の輸出を続けたのである。
15 無念の井上は、この翌年に血盟団員・小沼正によって射殺された（血盟団事件）。

(2) ドル買事件と金解禁の挫折

昭和6（1931）年に入ると、長期にわたる低金利と取引先の破綻の影響で、経営危機に陥る中小銀行が相次いだ。大手銀行は余剰資金の投資先を求めて、「為替統制売り」を利用してドルを手に入れた上で外債などに投資を行い始めた。

同年4月、濱口首相が前年の狙撃で受けた傷の悪化によって政務を執り難くなり、立憲民政党総裁は若槻禮次郎に交替して、同年4月14日に第2次若槻内閣が発足した。井上は大蔵大臣に留任した。

同年9月21日に、イギリスも金輸出を禁止して金本位制から離脱したために井上財政の根幹である緊縮財政と金本位制維持の根拠が崩れてしまったのである。[16]

金本位制維持の根拠が崩れたと理解した大手銀行や投機筋は、一斉に円売りドル買いに殺到し、日本国内の正貨が急速に減少し、日本経済は深刻なデフレの状態となった。[17]

井上は、同年10月5日と同年11月4日に、日本銀行に対して公定歩合の引き上げを命じて金融引き締め政策を実行した。さらに同年10月15日には、貿易決済の立証できないドル買いを全面禁止したが、なおドル買いが行われていた。

《金輸出禁止》

同年12月13日、犬養内閣が発足して高橋是清が大蔵大臣に就任すると、その日のうちに金輸出

---

[16] この年の9月18日、柳条溝事件をきっかけに満州事変が勃発した。
[17] 世論は、大手銀行が私利私欲のためにドル買占めを行って、金輸出再禁止に伴う為替相場下落を狙っていると非難した。

4 金解禁の経済学的意義

を禁止（名目上は許可制）とする大蔵省令が出されて、同年12月17日の緊急勅令によって日本銀行券の金貨への兌換は全面的に停止されて、日本の金本位制の歴史は幕を閉じることとなった。

金解禁前の日本経済についての問題点は、次の3つであると考えられていた。

① 日本企業の国際競争力がないために巨額の貿易赤字の状態である。
② 為替の乱高下が激しく、企業が経営計画を立てにくい状態である。
③ 物価の乱高下が激しく、財界だけでなく、庶民にも不満がある。

このような日本経済の状態に対して、井上準之助が考える金解禁の利点とは次の4つであった。

(1) 円高によって、経営環境が厳しくなれば、企業が合理化して、国際競争力をつけるという、一種のショック療法であった。そしてこのような政策が成功すれば、やがて日本の貿易収支は長期的に黒字になると期待した。
(2) 金本位制に戻ることによって為替相場を安定化させれば、輸出入計画を立てやすいため、

経済が安定すると期待した。

(3) 金解禁によって物価が安定すると期待した。

(4) 旧平価で解禁することにより、日本円を国際市場に結びつけ、「円の価値」を高めることによって、日本の国の威信が高まると期待した。[18]

したがって金本位制のもとで、円と金との交換を保証（解禁）する旧平価に復帰することによって、円の国際的評価は高まり、円高のもとで日本の産業の国際競争力を強め、国内物価を安定させることを期待していたのであった。井上はこのような政策によって、日本の国際的地位を高めることができると考えていたのである。また、井上準之助は、関東大震災以降の膨張した財政を引き締め、国内の過剰生産力を整理することを考えていた。

しかし、井上準之助蔵相の金解禁政策は失敗し、この4つの利点はすべて発揮されなかったのである。この失敗の原因は、次のような5つの要因として説明される。

(a) 旧平価という円高の為替相場で解禁したため、実質的な円高によって輸出産業には大きな痛手となった。

(b) 日本の金解禁と同時に発生したニューヨーク発の世界恐慌のため、海外の物価が4～5割下がったが、日本の物価の下落は3割程度であった。円高による復帰であったために日本の輸出競争力はなくなり輸出が困難になった。

---

18 第1次世界大戦で疲弊して、平価を切り下げた欧州とは違うということを示したかった。

174

(c) 日本国内のデフレ政策によって、深刻な不況が発生し、昭和恐慌になってしまった。

(d) イギリスも金輸出を再禁止してしまったために、日本の金解禁にもかかわらず、金とポンドの交換レートが変動するために、より円高感が強調され、さらに為替相場安定化の目的が実現できなくなった。

(e) 投機筋が、日本の金輸出再禁止を予測し、円売りドル買いを行ったため、日本に蓄積しておいた金が急速に流出してしまった。

井上の金解禁政策が失敗した直接の原因は、金解禁政策の失敗を見越した内外の銀行による大量の金買いとそれに続くドル買いによって日本の金準備が枯渇したこと、それによって再び金輸出禁止に踏み切らざるを得なくなったことにある。

金解禁の失敗を見越したドル買いとは、例えば1円＝0・5ドルのレート（1ドル＝2円）で、金解禁を実施した場合を考える。この金解禁政策が失敗して円の価値が下がり、例えば1ドルが3円に円が下がると見越して1ドルを2円で購入しておけば、将来3円で円を買い戻して、為替変動の差益1円を得ることができるのである。

このような目的のために当時の日本の財閥は、円価値が下がる前に（金輸出再禁止になる前に）、円を金に交換してドルを買い、ドルの投機買いが急増すれば金準備は枯渇する。そのために、金解禁政策は失敗せざるを得なかったのである。金輸出が再禁止されると、円安となるので、ドルを円に替えれば大もうけできるわけである。[20]

---

19 金と円との交換レートを固定化するのが目的である。
20 先物取引によって、円を保有しない外国企業も円売りドル買いは可能である。

日本国内では金解禁直後から銀価格の暴落が始まり、同年6月には生糸価格の暴落、同年10月には米価の暴落が続いた。このために企業の倒産・合理化が激増して大量の失業者が発生し、中小企業や農村は窮乏化した。さらに緊縮財政問題とも関連が強かったロンドン海軍軍縮条約締結を巡る統帥権干犯問題も絡んで軍部からも反感を買い、遂に同年11月に濱口首相が狙撃される事件が発生した。

第11章

昭和恐慌と井上準之助

レバレッジ（梃子）

図11-1　外国為替相場；100円当たりの米ドル（1893年1月～1926年9月）

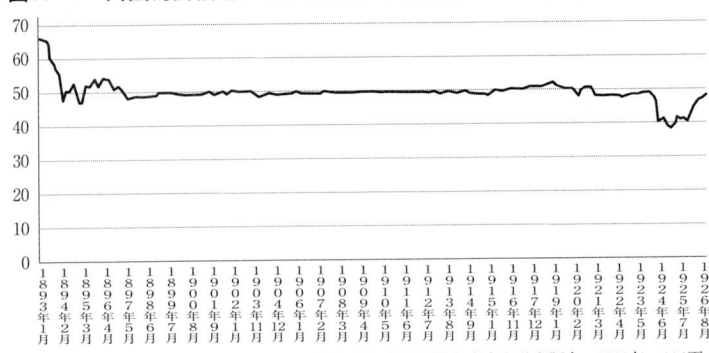

出所：三和良一・原朗編集『近現代日本経済史要覧（補訂版）』東京大学出版会、2010年、114頁。

1 為替相場

(1) 為替相場の推移

図11-1からわかるように、明治30（1897）年から第1次世界大戦前の大正2（1914）年ごろまでの円とドルの関係はほぼ1ドル=2円であった。しかし、大正3（1915）年以降、為替相場は変動しながら円安となっていった。大正13（1924）年以降は100円当たり40ドル（1ドル=2・5円）台から50ドル（1ドル=2円）台近くに円高が進んでいる。世界恐慌発生の時期（1929～1931年）の3年間は金解禁のために50ドル（1ドル=2円）近くに回復したものの、再度の金輸出禁止によって昭和7（1932）年以降は急激に円安が進行し、一時期は20ドル（1ドル=5円）台まで落ちているのである。

178

(2) 金本位制のルール

正統派経済学を信奉する井上準之助蔵相は、金本位制度が充分に機能していることを信じて金解禁を実行したと考えられる。もし、各国が金本位制を離脱せずに、しかも各国が「金本位制のルール」を忠実に守っていたならば、そして、アメリカ・ニューヨーク発の世界恐慌（1929年）が起こらなければ、すなわち、経済学の常套分析手段である世界市場や日本市場の諸条件が「他の条件にして等しい限り」(ceteris Paribus) の状態が続いていたとすれば、日本の金解禁政策（1930年）は井上準之助が信じていたように成功していたかもしれないのである。

(3) 旧平価か新平価か

金解禁を実施する場合に当時議論された問題は、平価をいくらに設定するかであった。第1次世界大戦前の日本は、金2分（1／5匁・0・75g）を1円相当（1ドル＝2・005円）であった。しかし、金輸出が禁じられてから10年以上を経て、内外の経済状況は大きく変化しており、実際の為替相場は、関東大震災が起こった大正12（1923）年には、100円＝38ドル前後（1ドル＝2円63銭前後）の最安値になり、1928年ごろは100円＝44ドル前後（1ドル＝2円30銭前後）であった。

金輸出禁止前の平価（旧平価）で金解禁するべきか、実体経済に合わせた平価（平価切下げ）

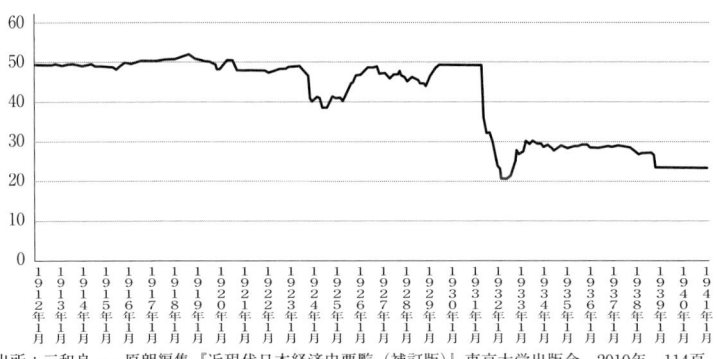

図11-2　外国為替相場100円当たりの米ドル（1912年1月〜1941年12月）

出所：三和良一・原朗編集『近現代日本経済史要覧（補訂版）』東京大学出版会、2010年、114頁。

で金解禁するべきかが議論されたのである。旧平価（1ドル＝2・005円）のままでの金解禁は、為替相場において円の過大評価となり、日本の輸出を不振に追い込み、国内の輸入代替財よりもかなり安い輸入価格のもとで海外の商品輸入が増加し、国内企業にとっては不利になることが明らかな問題であった。そのため、ジェノア会議の決議に[1]は、金解禁を行う際に平価を実勢の相場に応じた為替相場に見直すことが含まれていたのである。[2]

日本経済にとって、旧平価での復帰は不利であった。なぜならば、円高に復帰することを反映して国内に安い輸入品が流入するために、国内企業は競争力を失い、日本経済において、不況状態が発生する可能性が高まるからである。[3]

《金解禁の実施》

しかし、昭和5（1930）年1月11日、当初の予定どおり「金2分＝1円＝0・49875ドル」（1ドル＝2・005円）の旧平価による金解禁が実施されたのである。[4]

1　34カ国が集まって第1次世界大戦後の貨幣経済についての会議。ヨーロッパの再建のための戦略と資本主義経済と共産主義経済との間の調整を行うことが目的であった。
2　実際には、会議の時点では解禁していなかった国のなかで会議後に金解禁を行った国々は、ほとんどはその経済の実態に合わせた平価切下げを実施していた。また、鉄鋼業などの重工業関係者の間には、デフレーションと外国製品の輸入価格の下落を恐れて、金解禁に反対する意見も上がっていた。
3　鉄鋼業など重工業関係者は、デフレーションと外国製品の輸入価格の下落による国際競争力の低下を恐れて金解禁に反対する意見も上がっていた。

この円高による金解禁政策によって、日本の貿易収支は大幅な赤字となり、為替相場は当時の平価とされていた100円＝49・875ドル（1ドル＝2・005円）の相場を昭和6（1931）年12月までは保つものの、それ以後大幅に下回ってしまったのである。

❷ 金輸出禁止政策

昭和7（1932）年1月の「銀行券の金貨兌換停止に関する勅令」の公布施行により、金兌換が停止され、日本は金本位体制から離脱した。この高橋是清の金輸出禁止政策によって、為替相場は大暴落して金解禁直前に100円＝49・38ドル（1ドル＝2・025円）で事実上固定された状態にあった相場は、半年で30ドル（1ドル＝3・33円）を割り、1年後には20ドル（1ドル＝5円）を割り込む事態となった。その後、政府の介入と恐慌の小康化で1934（昭和9）年ごろには100円＝29ドル（1ドル＝3・45円）前後で安定した。[5]

《井上準之助の失敗の原因》

もし仮に、井上蔵相が適正な平価で解禁していたとしても、当時、世界各国が金本位

---

[4] 「新平価論」を唱えていた石橋湛山や経済評論家、そして、アメリカ経済の動向を危惧する三菱財閥の各務鎌吉らは、旧平価での金解禁に強く反対した。東洋経済新報社の石橋湛山は高橋亀吉にグスタフ・カッセルの購買力平価説で説得し、金解禁自体には賛成するが、こうした危惧を払拭するために平価切下げを行った上で金解禁を行うべきであるとする「新平価解禁論」を唱えた。一方、三井財閥の池田成彬を中心とした金融界は、これ以上の金解禁の遅延は許されないとして金解禁を支持した。

[5] この間にドルを買い占めた大銀行が莫大な利益を上げたことは明らかであり、これが国民世論における大手銀行を抱えた財閥への非難と軍部の対外進出路線への支持に転化する一因となったのである。

3 巨額の対外債務と金解禁

制から離脱している状態であったために、いずれ金解禁政策が失敗することは当然であった。この井上財政の金解禁政策が失敗した最大の原因は、「世界恐慌」の発生である。世界中が不況になったために日本の輸出が増加せず、不況による物価下落のもとで、企業の利益は減少し、労働者にとっては賃金カットや失業問題が生じて、消費者の購買力が低下したのである。商品を販売するためにさらに価格を下げるという企業にとって「悪循環」（デフレスパイラル）に陥ってしまったのである。世界大恐慌のなかで各国は自国の国内市場を世界市場から切り離して、自国産業を保護するため金輸出禁止に踏み切る政策を採用しようとしていた。この最中に、まったく逆の政策を日本は採用したために、日本の金解禁政策は失敗に終わったのである。

日本経済は日露戦争以前の時期までは外国からの借り入れなしに経済運営が行われてきた。しかし、日露戦争の際に借り入れた巨額の対外債務によって、日本経済は巨額の外国債に依存する経済になってしまった。しかも、ロシアからの賠償金もなかったために対外負債の返済に追われる経済運営となったのである。

「国内の民間資金の不足を補うために、内国債の償還を新たな外国債の借り入れによって行い、さらに地方債や社債の海外募集まで行ったため、1910年末には、日本の対外債務累積高は総

---

6 これに対して、政府は企業に合理化を進めさせて生産費を抑えるよう促した。また、「カルテル」によって、企業同士で価格や生産量の協定を結ばせて行き過ぎた競争を抑えようとした。

第11章 昭和恐慌と井上準之助

(1) 日露戦争と日本の公債

日露戦争に際して、日本はイギリスやアメリカを中心として欧米から5回にわたって、以下のような借り入れ条件のもとで、合計1億700万ポンド（10億7千万円）の外債を発行した。

《第1回　6％ポンド建て日本公債》1904年5月7日

公債発行総額　1千万ポンド
利率　6％
発行価格　93・5ポンド
政府手取　90・0ポンド
償還期限　7年（関税収入をもって元利償還を担保すること）

日露戦争時の対外債務は、「第一次世界大戦の『天佑』によって返済がなされた」（板谷敏彦氏『日露戦争、資金調達の戦い』新潮選書、新潮社、2012年、446頁）と板谷敏彦氏は説明するが、井上準之助の時代には、借り換え国債のなかには多くの対外債務が残っていたのである。対外債務の返済のためには、金解禁の際には円高復帰が望ましいはずである。国内の経済運営を厳しくして、企業の国際競争力を蓄えれば、やがて日本経済は対外債務から脱却できるはずであったのである。

額17億7千718万円（うち内債14億4千722万円）に達した」（石井寛治著『日本の産業革命』朝日選書581、朝日新聞社、1997年、208頁）。

183

発行金利　6・42％（7・2％）[7]　調達金利　6・67％（7・89％）

《第2回　6％ポンド建て日本公債》1904年11月14日

公債発行総額　1千200万ポンド　利率　6％

発行価格　90・5ポンド　政府手取　86・5ポンド

償還期限　7年（関税収入をもって元利償還を担保すること）

発行金利　6・63％（7・79％）　調達金利　6・92％（8・61％）

発行銀行　ロンドン600万ポンド　ニューヨーク600万ポンド

《第3回　6％ポンド建て日本公債》1905年3月20日

公債発行総額　3千万ポンド

発行価格　90ポンド　クーポン　4・5％

償還期限　20年（担保　たばこ税）　賞味受け取り　85・5ポンド

発行金利　5％（5・32％）　調達金利　5・26％（5・73％）

《第4回　6％ポンド建て日本公債》1905年7月11日

公債発行総額　3千万ポンド　クーポン　4・5％

発行価格　90ポンド　賞味受け取り　85・5ポンド

7　（　）内は現代の計算法および著者によるコメント。板谷敏彦著『日露戦争、資金調達の戦い ―高橋是清と欧米バンカーたち―』新潮選書、新潮社、2012年に基づいて算出。

《第5回 6％ポンド建て日本公債》 1905年11月28日

公債発行総額　2千500万ポンド
発行価格　90ポンド　　　クーポン　4・0％
償還期限　25年（担保　たばこ税）　政府受取額　88ポンド
発行金利　4・44％　　　調達金利　4・54％

償還期限　20年（担保　たばこ税）
発行金利　5％（5・32％）　　調達金利　5・26％（5・73％）

この借り入れ条件に従って、日本政府が毎年支払うべき元本と利子の必要合計額を計算すると、表11－1、図11－3のように表される。1906年から1911年にかけては、1千万ポンド（1億円）を超える支払いが必要である。その後、1912年から1925年までは670万ポンド（6千700万円）から次第に逓減して、440万ポンド（4千400万円）まで減少する。1926年から1930年にかけては、120万ポンド（1千200万円）から104万ポンド（1千40万円）まで減少する。これが公債発行による日本政府の返済計画であった。

表11-1　日本の国内総生産と政府経常支出

西暦	国内総生産	政府経常支出
	万円	万円
1905年	308,400	46,500
1906年	330,200	54,700
1907年	374,300	63,400
1908年	376,600	67,600
1909年	378,000	67,900
1910年	392,500	71,300
1911年	446,300	78,200
1912年	477,400	80,200
1913年	501,300	81,100
1914年	473,800	79,000
1915年	499,100	77,100
1916年	614,800	86,200
1917年	859,200	106,200
1918年	1,183,900	129,800
1919年	1,545,300	173,700
1920年	1,589,600	189,200
1921年	1,488,600	209,800
1922年	1,557,300	240,800
1923年	1,492,400	231,500
1924年	1,557,600	241,300
1925年	1,626,500	251,700
1926年	1,597,500	252,800
1927年	1,629,300	259,300
1928年	1,650,600	271,900
1929年	1,628,600	272,900
1930年	1,469,800	227,100

図11-3　日本の毎期の返済額

単位：万ポンド

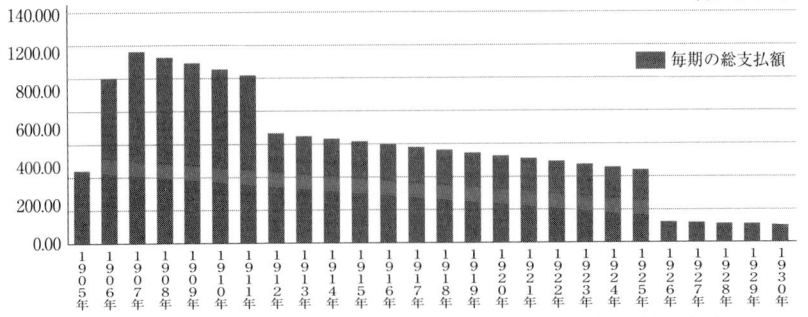

出所：板谷敏彦著『日露戦争資金調達の戦い―高橋是清と欧米バンカーたち―』新潮選書、新潮社、2012年、114頁より作成。

図11-4 政府経常支出と日露戦争の債務

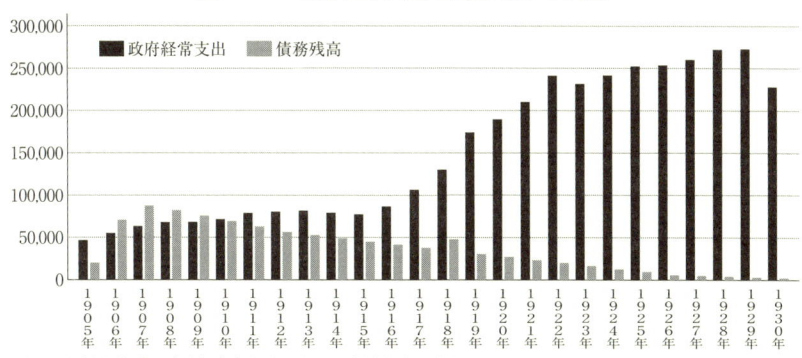

出所：板谷敏彦著『日露戦争資金調達の戦い―高橋是清と欧米バンカーたち―』新潮選書、新潮社、2012年、114頁より作成。

（2）困難な対外債務返済計画

図11-4は、日本政府の経常支出額と日露戦争の際の債務返済計画に必要な額を比較したものである。[8] 明治38（1905）年の日本の国内総生産、30億8千400万円であり、政府の経常支出は4億6千500万円である。[9] 明治43（1910）年には、39億2千500万円であり、政府の経常支出7億1千300万円である。到底返済できる数字ではないことが明白である。

当初、日本政府は日露戦争後のロシアからの賠償金による返済をあてにしていた感がうかがわれる計画である。なぜならば、当時の日本経済の実力から考えて不可能な返済計画であったからである。

すなわち、日本政府の借入金返済計画は焦げ付いてしまうのである。その後、日本政府は借り換え債を発行することによって、日露戦争時の公債返済計画を長期化させてきたのである。

このような日本政府の対外債務返済問題の存在を考慮するならば、井上準之助の旧平価による金解禁とは、円高によって国民に与える返済計画の負担を低下させるために考慮した英断で

---

8 軍事関連の支出は入っていない。
9 1897年が1ポンド＝9.7633円、1924年が1ポンド＝8.70円）、1935年が1ポンド＝9.763円であることから、1ポンド9円と想定して計算した。

187

4 金本位制の経験

あったと考えるべきではないだろうか。

日本と貿易相手国が互いに「金本位制のルール」を守っていると考えるならば、日本の国際収支の黒字の場合には、正貨（金銀）が流入し、国際収支が赤字の場合には正貨（金銀）が流出するはずである。このような関係を横軸に国際収支を取り、縦軸に正貨移動額を取ってグラフで表すと、正相関（右上がりで描かれる関係）が想定されるはずである。

(1) 日本の経験

表11−2は、日本が金本位制を護っていた時期である明治29（1896）年から昭和6（1931）年の国際収支と正貨移動（金銀の移動）についての表である。この表から日本経済の経験において、国際収支と金銀の正貨移動との間に「金本位制のルール」が守られていなかったことが説明されるのである。

図11−5は、**表11−2**のデータを基にして描いたグラフである。横軸に国際収支を取り、縦軸に正貨移動（金銀）の額を取っている。

10　第１次世界大戦後の一時期は、金輸出禁止政策を採用している。

表11-2　国際収支と正貨移動（1896〜1931年）

単位：百万円　当年価格

西暦	国際収支	金銀	西暦	国際収支	金銀
1896年	26.1	-32.7	1914年	-29.5	20.3
1897年	-58.9	-67.5	1915年	238.7	20.2
1898年	-44.1	40.7	1916年	656.4	-73.1
1899年	20.5	-10	1917年	990.6	-238.4
1900年	-57.7	46.5	1918年	795.3	-4.1
1901年	10.4	3.7	1919年	325.3	-322.4
1902年	27.3	-33.6	1920年	-70.8	-416.1
1903年	-7.6	-9.3	1921年	-237.4	-141.3
1904年	-130.6	74.6	1922年	-182.9	0.3
1905年	-326.3	-14.4	1923年	-453	5.1
1906年	-24.7	0.7	1924年	-543.6	-4.1
1907年	0.5	10.4	1925年	-201.8	21.9
1908年	-67.2	-16.5	1926年	-353.4	34
1909年	15.6	-72.9	1927年	-146.1	41
1910年	-45.8	7.5	1928年	-173.7	0.6
1911年	-107.9	18.2	1929年	15.5	2.6
1912年	-142	16.6	1930年	-28.9	288.2
1913年	-138.5	26	1931年	-57.4	387.3

出所：大川一司ほか著『長期経済統計1　推計と分析　国民所得』第7表、海外収支（帝国　純計）、東洋経済新報社、1974年より作成。

図11-5　国際収支と正貨移動（1896〜1931年）

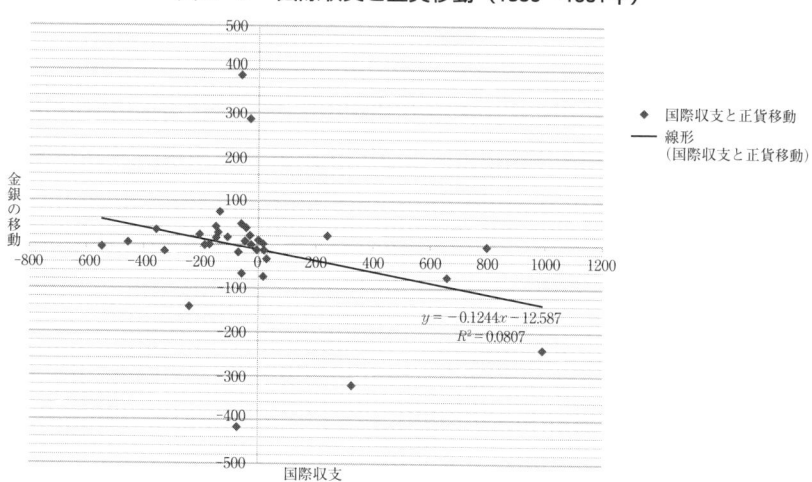

回帰式：$y = -0.1244x - 12.587$, $R^2 = 0.0807$

出所：大川一司ほか著『長期経済統計1　推計と分析　国民所得』第7表、海外収支（帝国　純計）、東洋経済新報社、1974年より作成。

表11-3 日露戦争の債務返済計画表

借入元本（万ポンド）　　　　　　　　　　利子支払額（万ポンド）

返済期間	第1期 1,000	第2期 1,200	第3期 3,000	第4期 3,000	第5期 2,500	第1期 利子支払	第2期	第3期	第4期	第5期	毎期の総支払額	西暦
毎期の返済額	第1期分	第2期分	第3期分	第4期分	第5期分	第1期分	第2期分	第3期分	第4期分	第5期分		
1	142.86	171.43				60.00	72.00				446.29	1905年
2	142.86	171.43	150.00	150.00		51.43	61.71	135.00	135.00		997.43	1906年
3	142.86	171.43	150.00	150.00	100.00	42.86	51.43	128.25	128.25	96.00	1161.07	1907年
4	142.86	171.43	150.00	150.00	100.00	34.29	41.14	121.50	121.50	92.00	1124.71	1908年
5	142.86	171.43	150.00	150.00	100.00	25.71	30.86	114.75	114.75	88.00	1088.36	1909年
6	142.86	171.43	150.00	150.00	100.00	17.14	20.57	108.00	108.00	84.00	1052.00	1910年
7	142.86	171.43	150.00	150.00	100.00	8.57	10.29	101.25	101.25	80.00	1015.64	1911年
8			150.00	150.00	100.00			94.50	94.50	76.00	665.00	1912年
9			150.00	150.00	100.00			87.75	87.75	72.00	647.50	1913年
10			150.00	150.00	100.00			81.00	81.00	68.00	630.00	1914年
11			150.00	150.00	100.00			74.25	74.25	64.00	612.50	1915年
12			150.00	150.00	100.00			67.50	6750	60.00	595.00	1916年
13			150.00	150.00	100.00			60.75	60.75	56.00	577.50	1917年
14			150.00	150.00	100.00			54.00	54.00	52.00	560.00	1918年
15			150.00	150.00	100.00			47.25	47.25	48.00	542.50	1919年
16			150.00	150.00	100.00			40.50	40.50	44.00	525.00	1920年
17			150.00	150.00	100.00			33.75	33.75	40.00	507.50	1921年
18			150.00	150.00	100.00			27.00	27.00	36.00	490.00	1922年
19			150.00	150.00	100.00			20.25	20.25	32.00	472.50	1923年
20			150.00	150.00	100.00			13.50	13.50	28.00	455.00	1924年
21			150.00	150.00	100.00			6.75	6.75	24.00	437.50	1925年
22					100.00					20.00	120.00	1926年
23					100.00					16.00	116.00	1927年
24					100.00					12.00	112.00	1928年
25					100.00					8.00	108.00	1929年
26					100.00					4.00	104.00	1930年
元本支払い合計	1,000	1,200	3,000	3,000	2,500	180	216	1,417.5	1,417.5	1,200	15,163	

出所：外債発行条件から著者が計算した。

図11-5においては、日本経済が国際収支の黒字に直面している時期には、正貨（金銀）が流出し、国際収支が赤字の場合には正貨（金銀）が流入していることがわかる。そのような関係を反映して、グラフは負の相関関係（右下がりで描かれる関係）として描かれるのである。[11]

このことは、日本は国際収支が黒字のときに正貨を流出させ、赤字のときに正貨を流入させていることが説明されるのである。「金本位制のルー

11　決定係数は低い値（$R^2 = 0.0807$）を示しているので、強い負の相関ではない。

ル」を護りながら、しかし、正貨の移動が逆に表れる原因としては、次のことが考えられる。すなわち、日本経済の国際収支が黒字の際に過去の債務の返済を進め、国際収支が赤字の際には、貿易決済のために必要な金を輸出するために海外から新規の借り入れを行って必要な額以上の正貨を流入させるのである。このように建て前としては「金本位制のルール」を護りながらも「正貨移動」においては逆方向の現象が現れるという自転車操業的な正貨移動が生じた原因は、日露戦争以来の対外債務の存在とその返済のための借り換え債による対外債務の膨張という事態に常に翻弄される通貨当局の政策が強く反映されていると考えられるのである。

(2) 井上準之助の無念

日本は清国から韓国の李朝を独立させるために日清戦争（一八九四〜一八九五年）において清国と戦い、ロシアの中国進出をくい止めるために日露戦争（一九〇四〜一九〇五年）においてロシアと戦ったのである。中国大陸への侵略の野心をもつ列強各国は日本を支持して、日本を助けながら、同時に大陸の利権を分け合おうとしたのである。ロシアの脅威を取り除くために日本を資金的に応援して、日本の負債返済の肩代わりとして満州の利権を分け合おうとしたのである。日本の軍事支出を賄うための負債返済の目算は、戦勝国として受け取るべき賠償金であった。日清戦争の勝利によってもたらされた賠償金によって、その後の経済発展の資金を得たのである。しかし、日露戦争において賠償金は得られず、大量の外債とその返済の義務だけが残ったのである。

⑤ 昭和恐慌と二・二六事件

昭和4（1929）年に米国に端を発した世界恐慌が日本に波及したものが、昭和恐慌である。世界恐慌の影響は民政党濱口雄幸内閣のもとで慢性的不況からの脱出をはかり、金解禁を断行しつつあった日本経済を直撃した。生糸の価格は暴落し、農産物価格が暴落し、企業の休業や倒産が起こり、失業者の増大と、不景気は深刻の度を増した。

この経済の停滞は、対中国外交の行き詰まりともからんで軍部右翼台頭の契機にもなった。第1次世界大戦後から昭和初期にかけて、戦後・震災・金融と3度にわたる恐慌を経験した日本経済は、経済回復の間もなく世界大恐慌に直面することとなったのである。しかも、当時は濱口内閣による金解禁と緊縮政策が進められていた時代であった。

日露戦争の際の借金返済のために、井上準之助は、対外的には旧平価を維持するために円高を維持するための金解禁政策と、対内的には緊縮財政による企業の淘汰を想定して、強力な経済政策を進めたのであった。しかし、結末は世界恐慌と昭和恐慌によって、景気の停滞と軍部の台頭を招き、日本は大東亜戦争（第2次世界大戦）に突入していくのである。もし、第2次世界大戦がなければ、またインフレーションがなければ、日本は戦後も長い間未払いの外債の累積債務による借金大国経済であったであろう。

192

正貨（金）の流出とともに不況はその深刻の度合いを増し、ことに農村では対米輸出品であった生糸価格の暴落や米価やその他の農産物価格の激落によって農業恐慌の状況になった。

昭和6（1931）年に柳条溝の鉄道爆破事件を契機に満州事変が始まり、不拡大方針に失敗して民政党若槻礼次郎内閣が退陣すると、代わって政友会犬養毅内閣が登場した。蔵相に起用された高橋是清は、前蔵相の井上準之助の金解禁緊縮政策を廃し、一転して積極財政を採用したために不況感は払拭されたのであった。加えて政府が採用した土木事業などを主とする時局匡救きょうきゅう事業の推進や農山漁村経済更正樹立町村の指定、また軍需産業の発展を背景とした労働力需要の増大により、景気も次第に上向きとなり、昭和8（1933）年から10（1935）年にかけて重化学工業が復興し、日中戦争勃発前後には農村も窮状を脱するようになったのである。[12]

昭和4（1929）年の世界恐慌の影響で、輸出品の生糸の価格が3分の1になり、米も半値に暴落した。重い小作料にあえぐ農村の娘身売りが急増した。このころ、「山東出兵」や「張作霖爆殺事件」に引き続いて軍部が、中国東北部（満州）の権益を確保しようとして起こした軍事行動が満州事変であった。この年には東北地方を凶作が襲った。

「満州事変」（1931年）の影響もあって、同年12月、立憲民政党内閣が倒れて、政権は立憲政友会に移った。井上財政から高橋財政へと政策方針が変更されたのである。そして、昭和7（1932）年に五・一五事件が起こったのである。

次の歌は、海軍のクーデターである五・一五事件の首謀者である海軍中尉三上卓作「昭和維新の歌」の歌詞である。

12　このようにして昭和恐慌は終わるが、この間国民の不満を背景に軍部右翼が台頭し、五・一五事件、二・二六事件を惹起して、やがてこの事件を利用した軍部独裁の時代へと向かうのである。

> 権門上におごれども
> 国を憂うる誠なく
> 財閥富を誇れども
> 社稷（国家）を思う心なし

大凶作があった昭和9（1934）年には、借金を抱える農家が娘を芸娼妓に売るなどの悲惨な問題が生じた。そして、昭和11（1936）年に二・二六事件が起こった。国民の助命嘆願の声も聞こえず、17人は軍事法廷において死刑判決を受けて銃殺された。青年将校のこの決起に理解を示していた元将校斉藤瀏の娘史は歌人であり、次のような和歌を詠んでいる。[13]

> 暴力のかく美しき世に住みて
> ひねもすうたふ　我が子守歌

一人ひとりの経済についての認識が、現実の世界において衝突する不幸が「経済理論」不在の問題なのである。

---

[13] 加藤廣著『黄金の日本史』新潮新書、新潮社、2012年、188-189頁を参照。

おわりに

　高校生の時、日本史の試験で2回欠点をとった。38点と36点であった。職員室に呼ばれて日本史の先生から説教を受けた。「試験勉強をチャンとしなさい」といわれた。「君は歴史に興味があるし、詳しい。何故、点数が悪いのかわからない」といわれた。「年号を覚えたり、人名を覚えたりするのが苦手です」と答えた。「それでは、歴史上の事件の因果関係がわからない。歴史は事件の羅列でしかないので、覚えようとしても頭に入らないのです」と答えた。先生は失笑された。「講義が下手。問題の出し方が悪いということか」といわれた。そこで、私は、「もっと考えるべきことが沢山あるような気がするのです」と答えた。半分言い逃れと考えてみると、一理あると、居直って、考えている。その翌年、先生は喉頭ガンに冒され教壇を去られた。病床の先生から「君の歴史観に共感している」という手紙を頂いた。その数カ月後、先生は亡くなられた。この本を執筆するに至った原因としての一つの思い出である。
　歴史は経済的基盤の上に理解されなければならないと考えている。人は利益のために動き、リスクを避けるために行動するからである。そのためには、歴史は人々の行動について経済学的根拠を裏づけとして考察されなければならないと考えている。また、歴史は、文化系としての学問ではなく、理科系をも土台とする総合科学でなければならないと考えている。本書はそのための実験的書である。

かつて大学の助教授になってすぐに、『安売り卵の経済学』（同文舘出版、1986年）という本を執筆した。原稿の段階で大学時代の指導教官に相談したら、叱られた。「そんな実験的な本は、一人前の経済学者になってから書くべきだ」と意見された。私は、「一人前になったら恥ずかしくて書けないですよ」といったら、「恥ずかしいならば、出さなければよい」といわれた。「世の中には、恥ずかしいけど、出したい本がある」と居直って出版した。あれから、既に20年近くたった。しかし、いまだに一人前の経済学者にはなっていない。にもかかわらず、実験的な本を執筆しているのは、いまさら止める人がいないからかもしれない。

本書の刊行に際しては、同文舘出版専門書編集部の角田貴信氏に大変お世話になった。ここで、謝意を表する次第である。

平成25年9月

大矢野栄次

人名索引

ア 行

アダムス……………………………126
天照大神……………………………2
アラカン……………………………45

井上準之助……………167, 169, 173, 179

大海人皇子…………………………13
小栗上野介……………………144, 155
織田信長…………………………57, 70

カ 行

菅直人元総理大臣…………………74

クビライ……………………………48

国姓爺………………………………129
後藤新平……………………………149

サ 行

清水宗治…………………………59, 61
少弐景資…………………………42, 51
少弐経資……………………………42
女王卑弥呼………………………2, 3

タ 行

太陽神………………………………2
平知盛………………………………50
平宗盛………………………………50
タウンゼント・ハリス……………139
竜田立野の風の神…………………25

ナ 行

鄭成功…………………………129, 131
デヴィッド・リカード……………133
天智天皇……………………………13
天武天皇…………………………13, 25

十市皇女……………………………13
徳川吉宗……………………………108

額田王………………………………12
野田佳彦前総理大臣………………74

ハ 行

羽柴秀吉………………57, 58, 62, 70
濱口雄幸……………………167, 169

広瀬の水の神………………………25

福島正則……………………………58
フビライ＝ハン……………………45
フランシスコ・ザビエル…………125

マ 行

マルコ・ポーロ…………………43, 47

武藤資頼…………………………50, 51

ヤ 行

吉川英治…………………………59, 63

ラ 行

隆武帝………………………………131

那の津	40
鍋島藩窯の鍋島青磁	54
南京攻略	131
難升米	4
南宋	53
南宋官窯	54
南部藩	117
二・二六事件	194
二重ローン問題	74
日米修好条約	137, 138
日露戦争	155, 183, 187
日清戦争	155
日本書紀	29
縫殿神社	15

ハ 行

白村江の戦い	24
幕府衰亡論	147
幕末のインフレーション	142
函館	124
ハレ	17
班田収授法	80
班布	5
比較生産費説	133
東日本復興政策	56
備中高松城	57
縹青磁	53
平等な社会	94
平戸貿易	125
藤井の原の御井	32
藤原宮	13, 31, 32
藤原宮御井歌	28
復興増税	56
富本銭	26, 34, 94
文永の役	51
米価の変動	99
平城京	31
ペリーの来航	124
ペリー来航	127

宝暦の飢饉	88
北伐軍	131
ポルトガル商人	126
本能寺の変	61

マ 行

マッカーサー駐留軍	155
松前藩	117
満州事変	193
万年通宝	36
御井	32
水城の堤防	42
水攻め	59
耳成の青管山	28
無紋銀銭	26, 34, 94
紫草	2, 9, 10
蒙古調伏	40

ヤ 行

山崎の戦い	62
邪馬台国	2, 3, 82
大和三山	27
弥生時代	2
有効需要の理論	56
湧水	32
養蚕	7
横須賀造船所	146
横浜開港	140
吉野の山	28
余剰労働力	80

ラ 行

| リーフデ号 | 125 |
| 冷夏 | 114 |

ワ 行

| 和裁士 | 17 |
| 和同開珎 | 33, 94 |

公債返済計画 ……………………… 187
皇朝十二銭 …………………… 37, 94
江南軍 ……………………………… 46
効用極大化行動 …………………… 104
交龍錦 ………………………………… 5
鴻臚館 ……………………………… 40
コーナー・ソリューション ……… 105
御家人 ……………………………… 96
米切手 ……………………………… 106
米本位制 …………………………… 94
弘安の役 ………………………… 51, 52
コンスタンチノープル …………… 54

サ 行

財政再建 …………………………… 167
債務返済計画 ……………………… 187
鎖国 …………………………… 124, 131
鎖国状態 …………………………… 120
山東出兵 …………………………… 193
三方一両得 ………………………… 68

塩庭 ………………………………… 20
賤ヶ岳の合戦 ……………………… 62
紫草園 ……………………………… 11
下田 ………………………………… 124
下松浦党 …………………………… 52
私鋳銭 ……………………………… 26
悉皆屋 ……………………………… 16
士農工商 …………………………… 102
商館長（カピタン） ……………… 127
証拠金 ……………………………… 106
乗数理論 …………………………… 56
承天府 ……………………………… 132
正米取引 …………………………… 106
生葉 ………………………………… 7
生葉染め …………………………… 7
白絹 ………………………………… 5
神功開宝 …………………………… 36
壬申の乱 …………………………… 24

水車 ………………………………… 109

ゼーランディア城 ………………… 131
世界恐慌 ……………………… 170, 182

赤嵌楼（プロビンシア城） …… 131, 132
袖の湊 ……………………………… 40

タ 行

第 1 次世界大戦 …………………… 155
第 1 次世界大戦の勃発 …………… 163
対外債務 …………………………… 183
大化の改新 ………………………… 80
大唐街 ……………………………… 40
鷹島 ………………………………… 48
高松城 …………………………… 57, 68
高松城水攻め ……………… 56, 59, 71
大宰府 ……………………………… 13
壇ノ浦 ……………………………… 50

筑後川の氾濫 ……………………… 119
畜銭叙位 …………………………… 35
蓄銭叙位令 ………………………… 34
帳合米取引 ………………………… 106
張作霖爆殺事件 …………………… 193
朝庭 ………………………………… 20
朝廷 ………………………………… 20
調副物 ……………………………… 11

津軽の凶作 ………………………… 119
津軽藩時代 ………………………… 117
津軽半島 …………………………… 112
海石榴市 …………………………… 10
椿市廃寺 …………………………… 10
徒然草 ……………………………… 110

天下統一 …………………………… 62
天保の大飢饉 ……………………… 88
天明の大飢饉 ……………………… 88

同種同量交換 ……………………… 137
東方見聞録 …………………… 43, 49
東路軍 ………………………… 45, 47
徳川幕府 …………………………… 86
徳川埋蔵金 ………………… 144, 147

ナ 行

長崎の出島 ………………………… 124

199

事項索引

ア 行

藍 ……………………………………… 2
藍染め ………………………………… 8
青香具山 …………………………… 29
上米の制 …………………………… 108
飛鳥宮 ……………………………… 13
飛鳥浄御原宮 ……………………… 13
天の香具山 ………………………… 29
網庭 ………………………………… 20
安平 ………………………… 131, 132

イギリス商館 ……………………… 126
イギリス東インド会社 …………… 126
居坐織 ………………………………… 2
イスタンブール …………………… 54
市場 ………………………………… 20
市庭 ………………………………… 20
稲作 …………………………………… 6
稲庭 ………………………………… 20
犬養内閣 …………………………… 172
岩木川 ……………………………… 113

원（ウォン） ……………………… 24
浮羽 …………………………………… 7
畝傍山 ……………………………… 30

圓 …………………………………… 24

「御井の清水」の歌 ……………… 28
お蚕さん ……………………………… 7
オスマントルコ …………………… 54
オランダ商館 ………………… 125, 126
オランダ東インド会社 ……… 125, 126

カ 行

海禁 ………………………………… 129
橿原神宮 …………………………… 30
絆 ……………………………………… 3
神奈川 ……………………………… 124

貨幣 ………………………………… 21
鎌倉御家人 ………………………… 53
神風 …………………………… 41, 53
上松浦党 …………………………… 52
蒲生野 ……………………………… 12
狩庭 ………………………………… 20
為替統制売り ……………………… 172
冠位12階 …………………………… 9
寛永通宝 …………………………… 37
貫頭衣 ………………………………… 3
旱魃 …………………………… 113, 114
管理貿易 …………………………… 124

魏志倭人伝 …………………………… 3
北の庄の戦い ……………………… 62
着物 …………………………………… 2
凶作 ………………………………… 114
享保の大飢饉 ……………………… 88
金解禁 ……………… 164, 167, 170, 173
金解禁政策 ………………………… 181
金解禁の断行 ……………………… 167
金本位制度 ………………………… 179
金本位制のルール ………… 179, 188
金輸出解禁 ………………………… 164
金輸出点 …………………………… 160
金輸入点 …………………………… 160

櫛田神社 …………………………… 40
呉部（くりべ） …………………… 14
久留米 ……………………………… 14

ケ …………………………………… 17
経済的格差 ………………………… 120
慶安御触書 ………………………… 86
ケインズ経済学 …………………… 56
元 …………………………………… 24
源氏物語 …………………………… 13
源平争乱 …………………………… 50

五・一五事件 ……………………… 193

200

〈著者紹介〉

大矢野　栄次（おおやの　えいじ）

1950年　愛媛県生まれ
1974年　中央大学経済学部卒業
1977年　中央大学大学院経済学研究科修士課程修了
1982年　東京大学大学院経済学研究科博士課程修了
1982年　佐賀大学経済学部講師
1983年　佐賀大学経済学部助教授
1994年　久留米大学経済学部教授（現職）

〈著　書〉

『安売り卵の経済学』（同文舘出版，1986年）
『現代経済学入門』（同文舘出版，1989年）
『寓話の中の経済学』（同文舘出版，1990年）
『国際経済の考え方』（中央経済社，1996年）
『日本経済と国際経済の考え方』（中央経済社，1998年）
『オープン・マクロ経済学』（同文舘出版，1998年）共著
『経済理論と経済政策』（同文舘出版，2000年）
『貿易資本と自由貿易』（同文舘出版，2008年）
『消費税10％上げてはいけない！』（創成社，2011年）
『新訂版　国際貿易の理論』（同文舘出版，2011年）
『東日本大震災からの復興戦略－復興に増税はいらない！』（創成社，2012年）
『日本経済再生のための戦略－安倍政権の経済政策を考える』（創成社，2013年）
『ケインズとマクロ経済学』（同文舘出版，2013年）
ほか

平成25年10月2日　初版発行　　　略称：経済歴史［上］　　《検印省略》

経済学で紐解く　日本の歴史　［上巻］

　　著　者　　大矢野　栄次
　　発行者　　中　島　治　久

発行所　**同文舘出版株式会社**
東京都千代田区神田神保町1-41　〒101-0051
電話 営業 03(3294)1801　編集 03(3294)1803
振替 00100-8-42935
http://www.dobunkan.co.jp

©E. OHYANO　　　　　　　　　　製版：一企画
Printed in Japan 2013　　　　　　印刷・製本：萩原印刷

ISBN978-4-495-44141-8